2022
中国妇女儿童状况统计资料

国家统计局社会科技和文化产业统计司 编

图书在版编目（CIP）数据

中国妇女儿童状况统计资料．2022／国家统计局社会科技和文化产业统计司编．－－北京：中国统计出版社，2022.12
　　ISBN 978-7-5230-0050-2

Ⅰ．①中… Ⅱ．①国… Ⅲ．①妇女－生活状况－统计资料－中国－2022②儿童－生活状况－统计资料－中国－2022 Ⅳ．① D432.7-66 ② D442.7-66

中国版本图书馆 CIP 数据核字 (2022) 第 217266 号

中国妇女儿童状况统计资料 2022

作　　者	国家统计局社会科技和文化产业统计司
责任编辑	佘竞雄
封面设计	黄　晨
出版发行	中国统计出版社有限公司
通信地址	北京市丰台区西三环南路甲 6 号　邮政编码／100073
发行电话	邮购 (010) 63376909　书店 (010) 68783171
网　　址	http://www.zgtjcbs.com
印　　刷	北京联兴盛业印刷股份有限公司
经　　销	新华书店
开　　本	880mm×1230mm　1/32
字　　数	264 千字
印　　张	6
版　　别	2022 年 12 月第 1 版
版　　次	2023 年 2 月第 2 次印刷
定　　价	80.00 元

版权所有，侵权必究。
如有印装差错，请与发行部联系退换。

《中国妇女儿童状况统计资料 2022》编辑部

总 编 辑：万东华　宋文珍
副总编辑：韩　静
编辑人员：（以姓氏笔画为序）
　　　　　马　剑　马　静　王　烜　王　涛
　　　　　亢　博　刘晓燕　李如冰　李学伟
　　　　　李海旺　李慕梓　汪习文　张春梅
　　　　　张耀光　范鸿儒　易荪欣怡　赵利婧
　　　　　胡洪瑞　柴　桦　徐建琳　徐建鹏
　　　　　高　洁　曹　千　温　馨　靳振华
　　　　　冀永才
执行编辑：徐建琳
责任编辑：佘竞雄

合作单位：国务院妇女儿童工作委员会办公室

本书的出版得到了联合国人口基金驻华代表处和联合国儿童基金会驻华办事处的大力支持，谨此致谢。

说　明

一、《中国妇女儿童状况统计资料2022》是一本全面反映中国妇女儿童发展现状的综合性统计资料年刊。年刊汇集了2021年中国妇女儿童事业发展情况的相关数据以及2010年以来主要年份的相关数据。

二、《中国妇女发展纲要（2021-2030年）》和《中国儿童发展纲要（2021-2030年）》实施后，本年刊在版面上作了相应调整。年刊整体框架不变，仍然包括人口与经济、卫生保健、教育、就业与社会保障、社会服务、社会参与、科技、体育、法律保护、生活和社会环境以及分地区统计资料等十一个章节，增减了部分内容。年刊后附有主要统计指标解释。

三、年刊资料主要来源于各相关部门的统计年报和统计年鉴、国家统计局相关统计资料，以及相关的专项调查统计资料。

四、年刊涉及的各项统计数据除森林资源外均未包括香港、澳门特别行政区和台湾省数据。

五、年刊中东部地区包括：北京、天津、河北、上海、江苏、浙江、福建、山东、广东和海南。中部地区包括：山西、安徽、江西、河南、湖北和湖南。西部地区包括：内蒙古、广西、重庆、四川、贵州、云南、西藏、陕西、甘肃、青海、宁夏和新疆。东北地区包括：辽宁、吉林和黑龙江。

六、年刊中部分数据的合计数或相对数由于四舍五入及计量单位取舍不同可能会产生计算误差，均未作机械调整；"#"表示其中主要项；"空格"表示数据为0、数据不详或没有数据；"…"表示数据不足该表最小单位。

七、年刊的出版得到了国务院妇女儿童工作委员会办公室、最高人民法院、最高人民检察院、教育部、公安部、民政部、司法部、人力资源和社会保障部、水利部、文化和旅游部、国家卫生健康委员会、国家广播电视总局、国家体育总局、国家医疗保障局、国家疾控局、国家新闻出版署、国家电影局、中华全国总工会、中华全国妇女联合会、中国科学技术协会、中国残疾人联合会、共青团中央以及统战部等部门的大力支持，在此一并表示感谢！

数字可以给言辞以相当大的力量
——改变政策进而改变世界的力量

——摘自联合国《1970-1990年世界妇女状况》

目 录

一、人口与经济

表 1.1	年末人口数及其构成	2
表 1.2	人口自然变动情况	2
表 1.3	2021 年按年龄分人口数及性别构成	3
表 1.4	平均预期寿命	4
表 1.5	人口性别比、平均家庭户规模和少儿抚养比	4
表 1.6	全国 0-17 岁儿童人数及占总人口比重	5
图 1.1	全国 0-17 岁儿童性别比	5
图 1.2	全国儿童规模变化趋势	6
图 1.3	流动儿童规模	6
表 1.7	2020 年流动儿童人数及占全部儿童比重	7
表 1.8	国内生产总值及指数	7
表 1.9	居民人均收支情况	7
表 1.10	一般公共预算收支总额	9
表 1.11	国家财政收支增长速度	9
表 1.12	卫生总费用	10
表 1.13	教育经费情况	10

二、卫生保健

表 2.1	全国妇幼保健机构基本情况	12
表 2.2	监测地区新生儿死亡率	13
表 2.3	监测地区婴儿死亡率	13
表 2.4	监测地区 5 岁以下儿童死亡率	14
表 2.5	监测地区孕产妇死亡率	14
表 2.6	住院分娩率	15
图 2.1	18 岁以下儿童伤害死亡率	15
表 2.7	儿童健康情况	16

图 2.2	2021 年纳入国家免疫规划的疫苗接种率 …………… 16
图 2.3	中小学生近视率 ………………………………… 17
图 2.4	0-6 岁儿童眼保健和视力检查覆盖率 …………… 17
表 2.8	孕产妇保健情况 ………………………………… 18
表 2.9	2021 年监测地区孕产妇死亡主要原因构成 ……… 18
表 2.10	2021 年部分地区城市居民前十位疾病死因构成 … 19
表 2.11	2021 年部分地区农村居民前十位疾病死因构成 … 19
表 2.12	婚前医学检查情况 ……………………………… 20
图 2.5	孕前优生健康检查目标人群覆盖率 …………… 20

三、教育

表 3.1	全国各级各类学校数 …………………………… 22
表 3.2	各级学校生师比 ………………………………… 22
表 3.3	全国各级教育入学率及升学率 ………………… 23
表 3.4	2021 年各级各类学校教职工人数及性别构成 …… 24
表 3.5	2021 年高等教育专任教师按学历、年龄分人数及性别构成 ……………………………………… 26
表 3.6	2021 年普通、职业高等学校专任教师按授课内容分人数及性别构成 …………………………… 27
表 3.7	2021 年普通、职业高等学校专任教师按未任课原因分人数及性别构成 …………………………… 27
表 3.8	2021 年普通高中专任教师按学历、专业技术职务分人数及性别构成 …………………………… 28
表 3.9	2021 年初中阶段教育专任教师按学历、专业技术职务分人数及性别构成 ………………………… 29
表 3.10	2021 年小学阶段专任教师按学历、专业技术职务分人数及性别构成 …………………………… 30
表 3.11	2021 年特殊教育专任教师按学历、专业技术职务分人数及性别构成 …………………………… 31
表 3.12	2021 年各级各类学校在校学生数及性别构成 …… 32
表 3.13	2021 年高等教育研究生在校生人数及性别构成 … 33
表 3.14	2021 年普通、职业本专科学生人数及性别构成 … 33
表 3.15	2021 年成人本专科学生人数及性别构成 ……… 34

表 3.16	2021年网络本专科学生人数及性别构成	34
表 3.17	2021年高中阶段教育在校生人数及性别构成	35
表 3.18	2021年义务教育阶段学生人数及性别构成	35
表 3.19	2021年学前教育、特殊教育及专门学校学生人数及性别构成	36
表 3.20	2021年进城务工人员子女义务教育阶段在校生人数及性别构成	36
表 3.21	2021年6岁及以上人口受教育程度及性别构成	37
表 3.22	分性别文盲人口占15岁及以上人口的比重	37
表 3.23	全国6—17岁儿童在校率	38
表 3.24	2020年6—17岁儿童分学龄在校率	38
表 3.25	2020年小学、初中及高中完成率	39
表 3.26	各类家长学校情况	39
图 3.1	义务教育阶段在校残疾学生数	40
表 3.27	助学项目资助的残疾儿童人数及性别构成	40

四、就业与社会保障

表 4.1	就业人员及性别构成	42
表 4.2	城镇非私营单位就业人员及性别构成	42
表 4.3	城镇登记失业人员及性别构成	43
表 4.4	城镇登记失业率和城镇调查失业率	43
表 4.5	城镇职工基本养老保险参保人数及性别构成	44
表 4.6	2021年城乡居民基本养老保险参保人数及性别构成	44
表 4.7	职工基本医疗保险参保人数及性别构成	45
表 4.8	城乡居民基本医疗保险参保人数及性别构成	45
表 4.9	失业保险参保人数及性别构成	46
表 4.10	工伤保险参保人数及性别构成	46
表 4.11	生育保险参保人数及性别构成	47
表 4.12	由就业培训中心和民办职业培训机构举办的职业技能培训人数及性别构成	47
表 4.13	参加职业技能培训取得证书人数及性别构成	48
表 4.14	参加职业技能培训实现就业人数及性别构成	48
表 4.15	实现就业的就业困难人数及性别构成	49

表 4.16　残疾人就业人数及性别构成 ………………………… 49
表 4.17　执行了《女职工劳动保护特别规定》及设立女职工
　　　　哺乳室的企业比重 ………………………………… 50
图 4.1　 人力资源和社会保障部门查处违反女职工和未
　　　　成年工特殊保护规定案件数 ……………………… 50

五、社会服务

表 5.1　 城市居民最低生活保障人数及性别构成 …………… 52
表 5.2　 农村居民最低生活保障人数及性别构成 …………… 52
表 5.3　 农村特困人员救助供养人数及性别构成 …………… 53
图 5.1　 农村特困人员救助供养人员中未成年人数 ………… 53
表 5.4　 城乡居民最低生活保障平均标准 …………………… 54
表 5.5　 提供住宿的民政服务机构基本情况 ………………… 54
表 5.6　 孤儿总数 ……………………………………………… 55
表 5.7　 家庭收养儿童情况 …………………………………… 55
表 5.8　 被家庭收养的女童及残疾儿童数 …………………… 56
表 5.9　 社区服务建设 ………………………………………… 56
表 5.10　流浪乞讨人员救助管理站基本情况 ………………… 57
表 5.11　未成年人救助保护中心基本情况 …………………… 57
表 5.12　接受康复服务的残疾儿童人数 ……………………… 58
图 5.2　 开展残疾儿童康复的残疾人康复机构数 …………… 58
图 5.3　 残疾儿童接受康复救助人数 ………………………… 59
表 5.13　结婚登记人口婚姻状况 ……………………………… 59
表 5.14　结婚登记情况 ………………………………………… 60
表 5.15　离婚情况 ……………………………………………… 60

六、社会参与

表 6.1　 历届全国人民代表大会代表人数及性别构成 ……… 62
图 6.1　 第九至十三届全国人大常务委员会中女性比例 …… 62
表 6.2　 历届全国政协委员人数及性别构成 ………………… 63
图 6.2　 第九至十三届全国政协女常委比例 ………………… 63
表 6.3　 中国共产党基层组织情况 …………………………… 64
表 6.4　 中国共产党发展党员人数及性别构成 ……………… 64

表 6.5	中国共产党党员人数及性别构成	65
表 6.6	中国共产党第十八至二十届代表大会代表人数及性别构成	65
表 6.7	中国共产党代表大会中央委员会委员人数及性别构成	66
表 6.8	中国共产党第十八至二十届中央政治局委员人数及性别构成	67
表 6.9	中国共产党代表大会中央纪律检查委员会委员人数及性别构成	67
表 6.10	2020 年各民主党派人数及性别构成	68
表 6.11	2020 年各民主党派中央委员人数及性别构成	68
表 6.12	工会会员性别构成	69
表 6.13	职工代表人数及性别构成	69
表 6.14	企业职工代表大会、企业职工董事、企业职工监事中女性比重	70
表 6.15	妇联组织和妇联工作人员数	70
表 6.16	社会组织职工中女性比重	71
表 6.17	社会组织负责人中女性比重	71
表 6.18	基层群众性自治组织中女性比重	72
表 6.19	村委会选举情况	72

七、科技

表 7.1	中国两院院士人数及性别构成	74
图 7.1	中国科学院女院士学部分布情况	75
图 7.2	中国工程院女院士学部分布情况	75
表 7.2	研究与试验发展（R&D）人员及性别构成	76
表 7.3	2021 年按执行部门分 R&D 人员及性别构成	76
表 7.4	2021 年规模以上工业企业 R&D 人员及性别构成	77
表 7.5	2021 年规模以上工业企业按行业分 R&D 人员及性别构成	78
表 7.6	2021 年研究与开发机构 R&D 人员及性别构成	79
表 7.7	2021 年高等学校 R&D 人员及性别构成	80
表 7.8	科协有关人员人数及性别构成	80

表 7.9　受表彰奖励科技人员及性别构成 ········· 82
表 7.10　青少年科技教育普及情况 ············· 82

八、体育

表 8.1　2021 年分技术等级在岗专职教练员人数及性别构成 ··· 84
表 8.2　2021 年分技术等级运动员发展人数及性别构成 ····· 84
表 8.3　2020 东京奥运会中国运动员获奖牌情况 ········· 85
表 8.4　2020 东京奥运会中国运动员获奖牌人数 ········· 85
表 8.5　中国参加历届奥运会获金牌数 ············· 86
表 8.6　中国参加历届奥运会获金牌人数 ············ 86
表 8.7　2021 年中国运动员获世界冠军人数及性别构成 ····· 87
表 8.8　2021 年中国运动员创世界纪录人数及性别构成 ····· 87
表 8.9　2021 年全国体育场地统计主要数据 ············ 88
表 8.10　体育系统少儿体育运动学校数 ············· 90
表 8.11　体育系统体育场馆数 ··················· 90

九、法律保护

表 9.1　全国法官及高级法官性别构成 ············· 92
表 9.2　全国陪审员人数及性别构成 ··············· 92
表 9.3　全国律师人数及性别构成 ················ 93
表 9.4　全国公证员人数及性别构成 ··············· 93
表 9.5　公安机关破获各种侵害妇女儿童案件数 ······· 94
图 9.1　2019-2021 年公安机关解救被拐卖妇女儿童数 ····· 94
表 9.6　强奸案件、拐卖妇女儿童案件立案数 ········· 95
表 9.7　刑事犯罪受害人性别构成及 14 岁以下儿童
　　　　所占比重 ·························· 95
表 9.8　人民检察院审查批捕、起诉未成年人犯罪案件情况 ··· 96
图 9.2　青少年作案成员占全部作案人员的比重 ······· 96
表 9.9　人民检察院批准逮捕刑事犯罪嫌疑人人数及
　　　　性别构成 ·························· 97
表 9.10　人民检察院办理涉未成年犯罪嫌疑人、
　　　　被告人人数 ························ 97

表 9.11　2020—2021 年人民检察院提起公诉刑事犯罪被告
　　　　人数及性别构成 …………………………………… 98
表 9.12　少年法庭数及各级人民法院判决生效的刑事
　　　　案件中青少年罪犯所占比重 ……………………… 98
图 9.3　各级人民法院判决生效的刑事案件中女性罪犯
　　　　所占比重 …………………………………………… 99
表 9.13　2021 年人民法院审理未成年人刑事案件人数及
　　　　性别构成 …………………………………………… 99
表 9.14　2021 年全国法院判处女性犯罪人数及性别构成 … 100
表 9.15　法律援助机构数及获得法律援助的受援人数 …… 102
图 9.4　县级以上妇联组织受理妇女儿童投诉件次数 …… 102

十、生活和社会环境

表 10.1　森林资源情况 ……………………………………… 104
表 10.2　人均水资源量及人均用水量 ……………………… 104
表 10.3　城市环境情况 ……………………………………… 105
图 10.1　农村集中式供水受益人口比重 …………………… 105
表 10.4　全国少儿图书馆、博物馆基本情况 ……………… 106
表 10.5　公共图书馆中少儿阅览室坐席数及少儿文献数 … 106
表 10.6　文化机构数及为未成年人组织活动专场数 ……… 107
表 10.7　全国少年儿童出版物情况 ………………………… 107
表 10.8　全国少年儿童课本出版情况 ……………………… 108
图 10.2　全年生产动画影片 ………………………………… 108
表 10.9　全国广播、电视节目综合人口覆盖率 …………… 109
表 10.10　少儿广播电视节目播出时间 …………………… 109
表 10.11　妇女之家和儿童之家数 ………………………… 110
表 10.12　各级表彰或揭晓的五好家庭、三八红旗手和
　　　　"最美家庭"数 ………………………………… 110

十一、分地区统计资料

表 11.1　全国人口普查总人口 ……………………………… 112
表 11.2　2021 年人口数及性别构成 ………………………… 113
表 11.3　2021 年分年龄人口数 ……………………………… 114

表 11.4	2020 年人均预期寿命	115
表 11.5	2021 年平均家庭户规模及抚养比	116
表 11.6	2021 年居民人均可支配收入	117
表 11.7	2021 年孕产妇保健情况	118
表 11.8	中小学生近视率	119
表 11.9	2021 年儿童健康情况	120
表 11.10	孕前优生健康检查目标人群覆盖率	121
表 11.11	中小学生《国家学生体质健康标准》达到优良的比例	122
表 11.12	中小学配备专职心理健康教育教师学校比例	123
表 11.13	中学开展预防艾滋病教育和性教育相关课程和活动的学校比例	124
表 11.14	2021 年各级教育生师比	125
表 11.15	2021 年每十万人口各级教育平均在校生数	126
表 11.16	2021 年分地区特殊教育在校生数及性别构成	127
表 11.17	2021 年文盲人口占 15 岁及以上人口的比重	128
表 11.18	2021 年城镇职工基本养老保险参保人数及性别构成	129
表 11.19	2021 年城乡居民基本养老保险参保人数及性别构成	130
表 11.20	2021 年失业保险参保人数及性别构成	131
表 11.21	2021 年工伤保险参保人数及性别构成	132
表 11.22	2021 年生育保险参保人数及性别构成	133
表 11.23	2021 年实现就业的就业困难人数及性别构成	134
表 11.24	2021 年残疾人就业人数及性别构成	135
表 11.25	2021 年城市居民最低生活保障人数及性别构成	136
表 11.26	2021 年农村居民最低生活保障人数及性别构成	137
表 11.27	2021 年城乡居民最低生活保障平均标准	138
表 11.28	2021 年农村特困人员人数及性别构成	139
表 11.29	2021 年得到最低生活保障未成年人数	140
表 11.30	2021 年结婚登记情况	141
表 11.31	2021 年分年龄组结婚登记人数	142
表 11.32	2021 年离婚情况	143
表 11.33	2021 年全国已建工会组织的会员人数及性别构成	144
表 11.34	2021 年社会组织职工中女性比重	145

表 11.35	2021 年社会组织负责人中女性比重	146
表 11.36	2021 年基层群众自治组织中女性比重	147
表 11.37	2021 年村委会选举情况	148
表 11.38	2021 年 R&D 人员及性别构成	149
表 11.39	2021 年规模以上工业企业 R&D 人员人数及性别构成	150
表 11.40	2021 年在岗专职教练员人数及性别构成	151
表 11.41	2021 年律师人数及性别构成	152
表 11.42	2021 年公证员人数及性别构成	153
表 11.43	2021 年法律援助机构数及获得法律援助的受援人数	154
表 11.44	2021 年人均水资源量及人均用水量	155
表 11.45	2021 年公共图书馆基本情况	156
表 11.46	2021 年全国文化馆（站）、博物馆个数及未成年人参观情况	157
表 11.47	2021 年少儿广播电视节目播出时间	158
表 11.48	2021 年全国妇女之家及儿童之家数	159
表 11.49	2021 年各级表彰或揭晓的五好家庭、三八红旗手和"最美家庭"数	160
表 11.50	2021 年社区少先队实践教育营地数量和中小学校少先队建队率	161
表 11.51	2021 年残疾人人口基础数据库持证残疾人人数及性别构成	162
表 11.52	2021 年得到康复服务的持证残疾儿童人数	163
表 11.53	接受康复救助的残疾儿童人数	164

附：主要统计指标解释 165

一、人口与经济

表1.1 年末人口数及其构成

分组	2020年 人口数(万人)	2020年 比重(%)	2021年 人口数(万人)	2021年 比重(%)
合计	141212	100.0	141260	100.0
城镇	90220	63.9	91425	64.7
乡村	50992	36.1	49835	35.3
男性	72357	51.2	72311	51.2
女性	68855	48.8	68949	48.8
0—14岁	25277	17.9	24678	17.5
15—64岁	96871	68.6	96526	68.3
65岁及以上	19064	13.5	20056	14.2

资料来源:国家统计局,《中国统计年鉴2022》。

表1.2 人口自然变动情况

年份	年末总人口(万人)	出生率(‰)	死亡率(‰)	自然增长率(‰)
2010	134091	11.90	7.11	4.79
2011	134916	13.27	7.14	6.13
2012	135922	14.57	7.13	7.43
2013	136726	13.03	7.13	5.90
2014	137646	13.83	7.12	6.71
2015	138326	11.99	7.07	4.93
2016	139232	13.57	7.04	6.53
2017	140011	12.64	7.06	5.58
2018	140541	10.86	7.08	3.78
2019	141008	10.41	7.09	3.32
2020	141212	8.52	7.07	1.45
2021	141260	7.52	7.18	0.34

资料来源:国家统计局,《中国统计年鉴2022》。

表1.3　2021年按年龄分人口数及性别构成

年龄 (岁)	样本 人口数 (人)	#女	性别构成(%)	
			男	女
合计	1494054	730212	51.1	48.9
0—4	72978	34690	52.5	47.5
5—9	96094	45124	53.0	47.0
10—14	92304	42959	53.5	46.5
15—19	79414	36737	53.7	46.3
20—24	77256	36236	53.1	46.9
25—29	91729	43540	52.5	47.5
30—34	128056	61955	51.6	48.4
35—39	109171	53057	51.4	48.6
40—44	98023	47817	51.2	48.8
45—49	114545	56225	50.9	49.1
50—54	129319	64103	50.4	49.6
55—59	121989	60752	50.2	49.8
60—64	70755	35399	50.0	50.0
65—69	81345	41394	49.1	50.9
70—74	56208	28962	48.5	51.5
75—79	34886	18429	47.2	52.8
80+	39980	22834	42.9	57.1

资料来源：国家统计局，《中国统计年鉴2022》。
注：本表是2021年全国人口变动情况抽样调查样本数据，抽样比为1.058‰。

表1.4 平均预期寿命

单位：岁

年份	合计	男	女	女性-男性
1981	67.77	66.28	69.27	2.99
1990	68.55	66.84	70.47	3.63
2000	71.40	69.63	73.33	3.70
2005	72.95	70.83	75.25	4.42
2010	74.83	72.38	77.37	4.99
2015	76.34	73.64	79.43	5.79
2020	77.93	75.37	80.88	5.51

资料来源：国家统计局，《中国统计年鉴2022》。

表1.5 人口性别比、平均家庭户规模和少儿抚养比

年份	人口性别比(女=100)		平均家庭户规模（人/户）	少儿抚养比（%）
	出生人口性别比	总人口性别比		
2010	118.1	105.2	3.10	22.27
2011	117.8	105.2	3.02	22.10
2012	117.7	105.1	3.02	22.20
2013	117.6	105.1	2.98	22.20
2014	115.9	105.1	2.97	22.45
2015	113.5	105.0	3.10	22.63
2016	113.4	105.0	3.11	22.95
2017	111.9	104.8	3.03	23.39
2018		104.6	3.00	23.68
2019		104.5	2.92	23.76
2020	111.3	105.1	2.62	26.24
2021		104.9	2.77	25.60

资料来源：国家统计局。

表1.6　全国0-17岁儿童人数及占总人口比重

分 组	2010年		2020年	
	人数（亿人）	比重（%）	人数（亿人）	比重（%）
总人口	13.4	100.0	14.1	100.0
#儿童	2.79	20.9	2.98	21.1
男童	1.50	11.2	1.58	11.2
女童	1.29	9.7	1.39	9.9

资料来源：国家统计局，根据2010年和2020年全国人口普查汇总资料计算整理。

图1.1　全国0-17岁儿童性别比

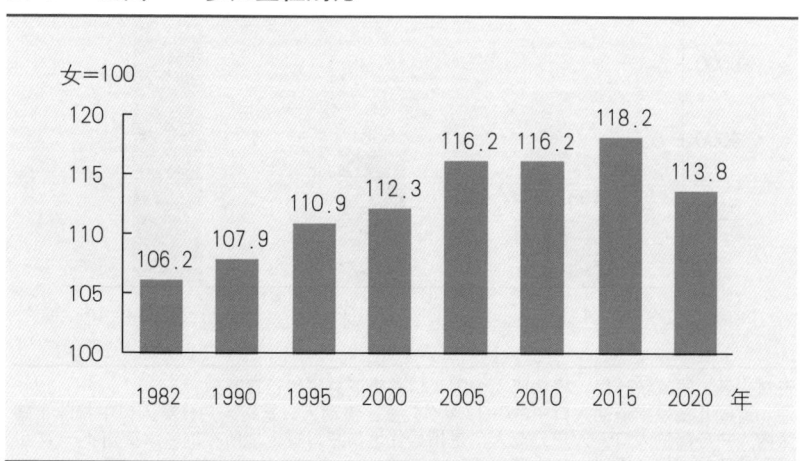

资料来源：国家统计局，根据历次全国人口普查和全国1%人口抽样调查汇总资料计算整理。

图1.2 全国儿童规模变化趋势

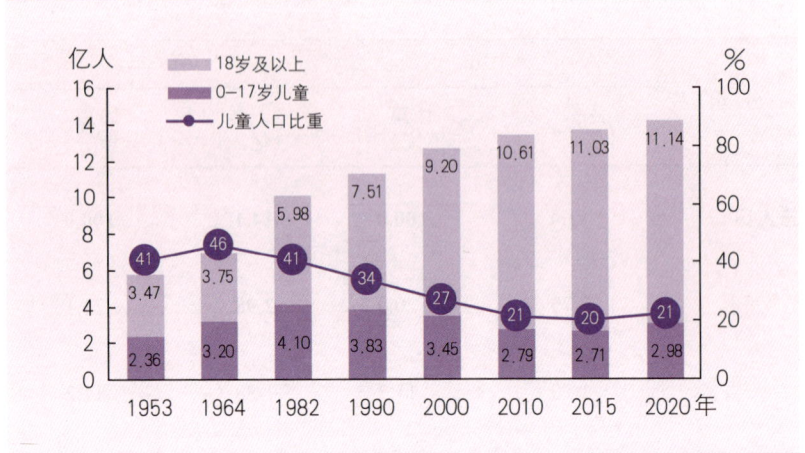

资料来源:国家统计局,根据历次全国人口普查和2015年全国1%人口抽样调查汇总资料计算整理。

图1.3 流动儿童规模

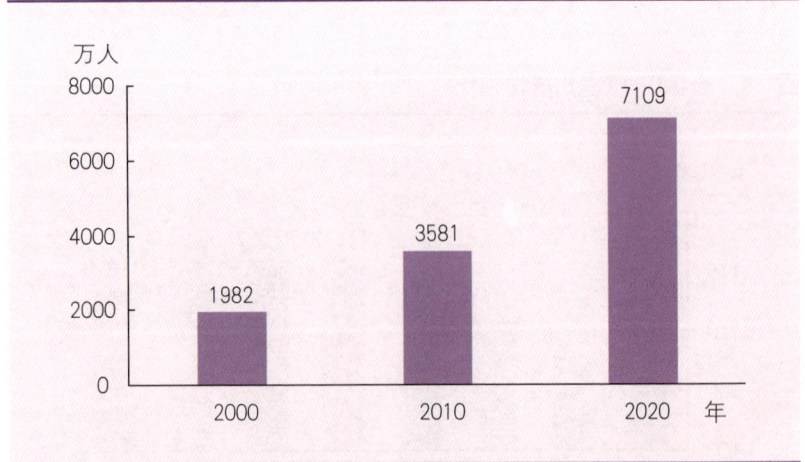

资料来源:国家统计局,根据历次全国人口普查汇总资料计算整理。
注:流动儿童是指流动人口中的0—17周岁儿童。流动人口是指人户分离人口中扣除市辖区内人户分离的人口。人户分离人口是指居住地与户口登记地所在的乡镇街道不一致且离开户口登记地半年以上的人口。

表1.7　2020年流动儿童人数及占全部儿童比重

年龄（岁）	流动儿童人数(万人)			流动儿童占全部儿童比重(%)		
	合计	男	女	合计	男	女
0	174	92	82	14.5	14.5	14.4
1	305	161	144	21.2	21.3	21.1
2	329	174	155	21.5	21.6	21.4
3	397	209	188	21.6	21.6	21.5
4	392	208	184	22.0	22.2	21.8
5	358	191	167	21.6	21.8	21.4
6	397	213	183	21.3	21.6	21.1
7	386	208	178	21.5	21.8	21.2
8	418	226	192	21.6	21.9	21.3
9	381	206	174	21.4	21.7	21.1
10	369	201	169	21.3	21.6	20.9
11	371	202	170	21.0	21.3	20.6
12	355	192	163	20.5	20.7	20.2
13	338	183	156	20.3	20.5	20.0
14	349	187	162	21.6	21.6	21.5
15	497	264	233	32.4	32.1	32.8
16	660	352	308	43.4	42.9	43.9
17	634	338	296	46.2	45.6	46.8
合计	7109	3807	3302	23.9	24.0	23.7

资料来源：国家统计局，根据2020年全国人口普查汇总资料计算整理。

表1.8 国内生产总值及指数

年份	国内生产总值(GDP)		人均国内生产总值	
	绝对数 (亿元)	指数 (上年=100)	绝对数 (元)	指数 (上年=100)
2010	412119	110.6	30808	110.1
2011	487940	109.6	36277	109.0
2012	538580	107.9	39771	107.1
2013	592963	107.8	43497	107.1
2014	643563	107.4	46912	106.8
2015	688858	107.0	49922	106.4
2016	746395	106.8	53783	106.2
2017	832036	106.9	59592	106.3
2018	919281	106.7	65534	106.3
2019	986515	106.0	70078	105.6
2020	1013567	102.2	71828	102.0
2021	1143670	108.1	80976	108.0

资料来源:国家统计局,《中国统计年鉴2022》。
注:绝对数按当年价格计算,指数按不变价格计算。

表1.9 居民人均收支情况

单位:元

年份	居民人均可支配收入			居民人均消费支出		
	合计	城镇	农村	合计	城镇	农村
2013	18310.8	26467.0	9429.6	13220.4	18487.5	7485.1
2014	20167.1	28843.9	10488.9	14491.4	19968.1	8382.6
2015	21966.2	31194.8	11421.7	15712.4	21392.4	9222.6
2016	23821.0	33616.2	12363.4	17110.7	23078.9	10129.8
2017	25973.8	36396.2	13432.4	18322.1	24445.0	10954.5
2018	28228.0	39250.8	14617.0	19853.1	26112.3	12124.3
2019	30732.8	42358.8	16020.7	21558.9	28063.4	13327.7
2020	32188.8	43833.8	17131.5	21209.9	27007.4	13713.4
2021	35128.1	47411.9	18930.9	24100.1	30307.2	15915.6

资料来源:国家统计局,《中国统计年鉴2022》。

表1.10 一般公共预算收支总额

单位：亿元

年份	一般公共预算收入	中央	地方	一般公共预算支出	中央	地方
2010	83101.5	42488.5	40613.0	89874.2	15989.7	73884.4
2011	103874.4	51327.3	52547.1	109247.8	16514.1	92733.7
2012	117253.5	56175.2	61078.3	125953.0	18764.6	107188.3
2013	129209.6	60198.5	69011.2	140212.1	20471.8	119740.3
2014	140370.0	64493.5	75876.6	151785.6	22570.1	129215.5
2015	152269.2	69267.2	83002.0	175877.8	25542.2	150335.6
2016	159605.0	72365.6	87239.4	187755.2	27403.9	160351.4
2017	172592.8	81123.4	91469.4	203085.5	29857.2	173228.3
2018	183359.8	85456.5	97903.4	220904.1	32707.8	188196.3
2019	190390.1	89309.5	101080.6	238858.4	35115.2	203743.2
2020	182913.9	82770.7	100143.2	245679.0	35095.6	210583.5
2021	202554.6	91470.4	111084.2	245673.0	35050.0	210623.0

资料来源：国家统计局，《中国统计年鉴2022》。
注：1. 2021年全国数据为预算执行数，以前各年数据为财政决算数。
　　2. 中央、地方一般公共预算收支均为本级收支。

表1.11 国家财政收支增长速度

单位：%

年份	一般公共预算收入	一般公共预算支出
2010	21.3	17.8
2011	25.0	21.6
2012	12.9	15.3
2013	10.2	11.3
2014	8.6	8.3
2015	5.8	13.2
2016	4.5	6.3
2017	7.4	7.6
2018	6.2	8.7
2019	3.8	8.1
2020	-3.9	2.9
2021	10.7	…

资料来源：国家统计局，《中国统计年鉴2022》。

表1.12　卫生总费用

单位：亿元

年　份	合　计	政府卫生支出	社会卫生支出	个人卫生支出	卫生总费用与GDP之比（%）
2010	19980.4	5732.5	7196.6	7051.3	4.84
2011	24345.9	7464.2	8416.5	8465.3	4.98
2012	28119.0	8432.0	10030.7	9656.3	5.20
2013	31669.0	9545.8	11393.8	10729.3	5.32
2014	35312.4	10579.2	13437.8	11295.4	5.48
2015	40974.6	12475.3	16506.7	11992.7	5.95
2016	46344.9	13910.3	19096.7	13337.9	6.23
2017	52598.3	15205.9	22258.8	15133.6	6.36
2018	59121.9	16399.1	25810.8	16912.0	6.43
2019	65841.4	18017.0	29150.6	18673.9	6.67
2020	72175.0	21941.9	30273.7	19959.4	7.10
2021	76845.0	20676.1	34963.3	21205.7	6.72

资料来源：国家卫生健康委。
注：本表系按当年价格核算数，2021年为初步测算数。

表1.13　教育经费情况

单位：亿元

年　份	教育经费总投入	#国家财政性教育经费	国家财政性教育经费与GDP之比（%）
2010	19561.9	14670.1	3.65
2011	23869.3	18586.7	3.93
2012	28655.3	23147.6	4.28
2013	30364.7	24488.2	4.16
2014	32806.5	26420.6	4.10
2015	36129.2	29221.5	4.26
2016	38888.4	31396.3	4.22
2017	42562.0	34207.8	4.14
2018	46143.0	36995.8	4.11
2019	50175.0	40049.0	4.04
2020	53033.9	42908.2	4.22
2021	57873.7	45835.3	4.01

资料来源：教育部等，历年全国教育经费执行情况统计公告。

二、卫生保健

表2.1 全国妇幼保健机构基本情况

年份	妇幼保健院(所、站)			
	机构数（个）	床位数（张）	诊疗人次（万人次）	#妇幼保健院
2010	3025	134364	15967.3	14224.8
2011	3036	145866	17568.9	15673.9
2012	3044	161560	20148.1	18150.7
2013	3144	175476	21508.1	19432.0
2014	3098	184815	23229.2	21105.5
2015	3078	195352	23529.1	21472.4
2016	3063	206538	26400.6	24280.4
2017	3077	221136	28370.3	26341.1
2018	3080	232848	29246.5	27331.1
2019	3071	243232	31511.7	29714.5
2020	3052	252920	27309.8	25782.3
2021	3032	260132	30723.1	29246.7

资料来源：国家卫生健康委。

表2.1 续表

年份	儿童医院		妇产(科)医院	
	机构数（个）	床位数（张）	机构数（个）	床位数（张）
2010	72	24582	398	26453
2011	79	25690	442	29545
2012	89	28273	495	32902
2013	96	30961	558	37693
2014	99	33819	622	43707
2015	114	37479	703	50698
2016	117	38148	757	57087
2017	117	40218	773	60364
2018	129	42725	807	62267
2019	141	45082	809	60618
2020	151	46692	807	62403
2021	151	47866	793	62338

表2.2 监测地区新生儿死亡率

单位：‰

年 份	合 计	城市	农村
2010	8.3	4.1	10.0
2011	7.8	4.0	9.4
2012	6.9	3.9	8.1
2013	6.3	3.7	7.3
2014	5.9	3.5	6.9
2015	5.4	3.3	6.4
2016	4.9	2.9	5.7
2017	4.5	2.6	5.3
2018	3.9	2.2	4.7
2019	3.5	2.0	4.1
2020	3.4	2.1	3.9
2021	3.1	1.9	3.6

资料来源:国家卫生健康委。
注:城市包括直辖市区和地级市辖区，农村包括县及县级市。下同。

表2.3 监测地区婴儿死亡率

单位：‰

年 份	合 计	城市	农村
2010	13.1	5.8	16.1
2011	12.1	5.8	14.7
2012	10.3	5.2	12.4
2013	9.5	5.2	11.3
2014	8.9	4.8	10.7
2015	8.1	4.7	9.6
2016	7.5	4.2	9.0
2017	6.8	4.1	7.9
2018	6.1	3.6	7.3
2019	5.6	3.4	6.6
2020	5.4	3.6	6.2
2021	5.0	3.2	5.8

资料来源:国家卫生健康委。

表2.4　监测地区5岁以下儿童死亡率

单位:‰

年份	合计	城市	农村
2010	16.4	7.3	20.1
2011	15.6	7.1	19.1
2012	13.2	5.9	16.2
2013	12.0	6.0	14.5
2014	11.7	5.9	14.2
2015	10.7	5.8	12.9
2016	10.2	5.2	12.4
2017	9.1	4.8	10.9
2018	8.4	4.4	10.2
2019	7.8	4.1	9.4
2020	7.5	4.4	8.9
2021	7.1	4.1	8.5

资料来源:国家卫生健康委。

表2.5　监测地区孕产妇死亡率

单位:1/10万

年份	合计	城市	农村
2010	30.0	29.7	30.1
2011	26.1	25.2	26.5
2012	24.5	22.2	25.6
2013	23.2	22.4	23.6
2014	21.7	20.5	22.2
2015	20.1	19.8	20.2
2016	19.9	19.5	20.0
2017	19.6	16.6	21.1
2018	18.3	15.5	19.9
2019	17.8	16.5	18.6
2020	16.9	14.1	18.5
2021	16.1	15.4	16.5

资料来源:国家卫生健康委。

表2.6 住院分娩率

单位：%

年 份	合 计	城 市	农 村
2010	97.8	99.2	96.7
2011	98.7	99.6	98.1
2012	99.2	99.7	98.8
2013	99.5	99.9	99.2
2014	99.6	99.9	99.4
2015	99.7	99.9	99.5
2016	99.8	100.0	99.6
2017	99.9	100.0	99.8
2018	99.9	100.0	99.8
2019	99.9	100.0	99.8
2020	99.9	100.0	99.9
2021	99.9	100.0	99.9

资料来源：国家卫生健康委。

图2.1 18岁以下儿童伤害死亡率

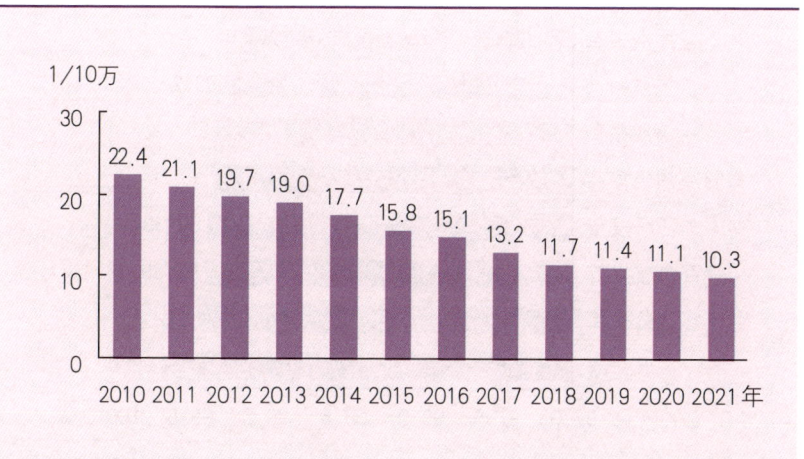

资料来源：2010—2020年为国家卫生健康委，2021年为国家疾控局。

表2.7 儿童健康情况

单位：%

年份	低出生体重发生率	新生儿访视率	5岁以下儿童低体重患病率	3岁以下儿童系统管理率	7岁以下儿童保健管理率
2010	2.34	89.6	1.55	81.5	83.4
2011	2.33	90.6	1.51	84.6	85.8
2012	2.38	91.8	1.44	87.0	88.9
2013	2.44	93.2	1.37	89.0	90.7
2014	2.61	93.6	1.48	89.8	91.3
2015	2.64	94.3	1.49	90.7	92.1
2016	2.73	94.6	1.44	91.1	92.4
2017	2.88	93.9	1.40	91.1	92.6
2018	3.13	93.7	1.43	91.2	92.7
2019	3.24	94.1	1.37	91.9	93.6
2020	3.25	95.5	1.19	92.9	94.3
2021	3.70	96.2	1.21	92.8	94.6

资料来源：国家卫生健康委。

图2.2 2021年纳入国家免疫规划的疫苗接种率

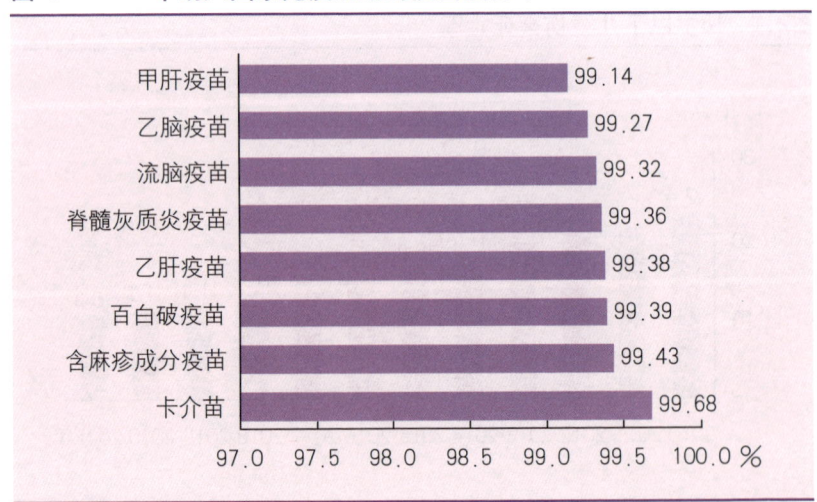

资料来源：国家卫生健康委。

图2.3 中小学生近视率

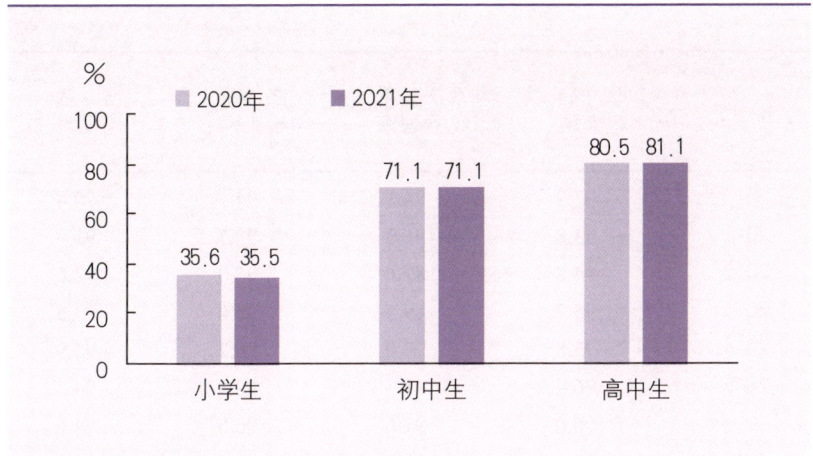

资料来源:国家疾控局。

图2.4 0–6岁儿童眼保健和视力检查覆盖率

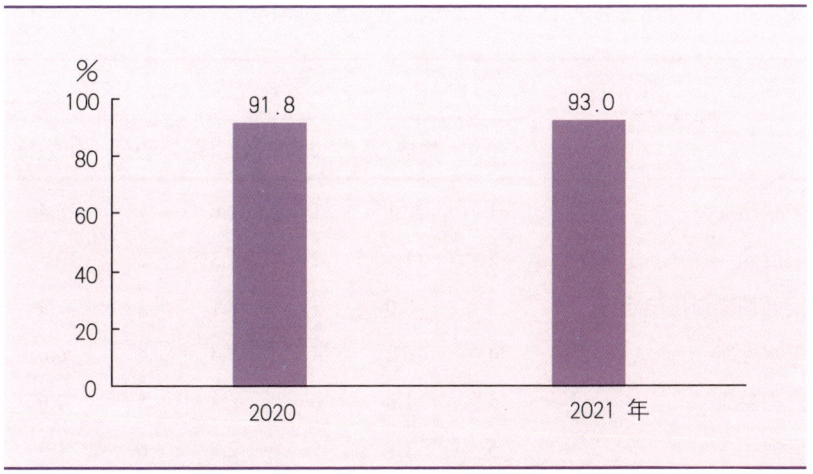

资料来源:国家卫生健康委。

表2.8 孕产妇保健情况

单位：%

年 份	孕产妇建卡率	孕产妇系统管理率	产前检查率	产后访视率
2010	92.9	84.1	94.1	90.8
2011	93.8	85.2	93.7	91.0
2012	94.8	87.6	95.0	92.6
2013	95.7	89.5	95.6	93.5
2014	95.8	90.0	96.2	93.9
2015	96.4	91.5	96.5	94.5
2016	96.6	91.6	96.6	94.6
2017	96.6	89.6	96.5	94.0
2018	92.5	89.9	96.6	93.8
2019	92.4	90.3	96.8	94.1
2020	94.1	92.7	97.4	95.5
2021	94.2	92.9	97.6	96.0

资料来源：国家卫生健康委。

表2.9 2021年监测地区孕产妇死亡主要原因构成

疾病名称	合计		城市		农村	
	位次	构成(%)	位次	构成(%)	位次	构成(%)
产科出血	1	22.1	1	21.6	1	22.4
心脏病	2	11.5	2	13.5	2	10.5
妊娠期高血压疾病	3	8.0	3	8.1	3	7.9
羊水栓塞	4	6.2	4	5.4	4	6.6
产褥感染	5	1.8	6	...	5	2.6
肝病	5	1.8	5	2.7	6	1.3

资料来源：国家卫生健康委。

表2.10　2021年部分地区城市居民前十位疾病死因构成

疾病名称	城市居民 位次	城市居民 构成(%)	男 位次	男 构成(%)	女 位次	女 构成(%)
十种死因合计		95.4		95.9		94.8
心脏病	1	25.6	2	23.3	1	28.8
恶性肿瘤	2	24.6	1	27.2	3	21.1
脑血管病	3	21.7	3	21.1	2	22.5
呼吸系统疾病	4	8.5	4	9.2	4	7.5
损伤及中毒外部原因	5	5.5	5	5.8	5	5.0
内分泌营养和代谢疾病	6	3.7	6	3.3	6	4.3
消化系统疾病	7	2.4	7	2.6	7	2.2
神经系统疾病	8	1.5	8	1.3	8	1.7
泌尿生殖系统疾病	9	1.1	9	1.1	9	1.0
传染病(含呼吸道结核)	10	0.8	10	1.0		
精神障碍					10	0.7

资料来源:国家卫生健康委,居民病伤死亡原因年报。

表2.11　2021年部分地区农村居民前十位疾病死因构成

疾病名称	农村居民 位次	农村居民 构成(%)	男 位次	男 构成(%)	女 位次	女 构成(%)
十种死因合计		95.8		96.1		95.2
心脏病	1	25.4	3	22.8	1	28.9
脑血管病	2	23.6	2	22.8	2	24.7
恶性肿瘤	3	22.5	1	25.3	3	18.6
呼吸系统疾病	4	8.8	4	9.2	4	8.2
损伤及中毒外部原因	5	7.1	5	7.9	5	6.1
内分泌、营养和代谢病	6	2.8	7	2.3	6	3.6
消化系统疾病	7	2.2	6	2.4	7	1.8
神经系统疾病	8	1.4	8	1.2	8	1.7
泌尿生殖系统疾病	9	1.1	9	1.1	9	1.0
传染病(含呼吸道结核)	10	0.9	10	1.1	10	0.6

资料来源:国家卫生健康委,居民病伤死亡原因年报。

表2.12 婚前医学检查情况

单位：%

年份	婚前医学检查率			检出疾病率		
	合计	男	女	合计	男	女
2010	31.0	30.9	31.1	10.1	9.9	10.2
2011	41.0	40.9	41.0	9.0	8.9	9.0
2012	48.4	48.5	48.4	8.4	8.2	8.5
2013	52.9	52.9	53.0	8.1	8.0	8.2
2014	55.3	55.0	57.6	7.9	7.9	8.0
2015	58.7	58.8	58.7	7.9	7.8	8.1
2016	59.7	59.7	59.8	8.0	7.9	8.2
2017	61.4	61.4	61.4	8.2	7.9	8.4
2018	61.1	61.1	61.1	8.4	7.9	9.0
2019	62.4	62.4	62.4	8.5	8.0	9.0
2020	68.4	68.3	68.5	8.6	8.0	9.1
2021	70.9	70.8	71.0	8.8		

资料来源：国家卫生健康委。
注：检出疾病率指检出疾病人数占实查人数的比重。

图2.5 孕前优生健康检查目标人群覆盖率

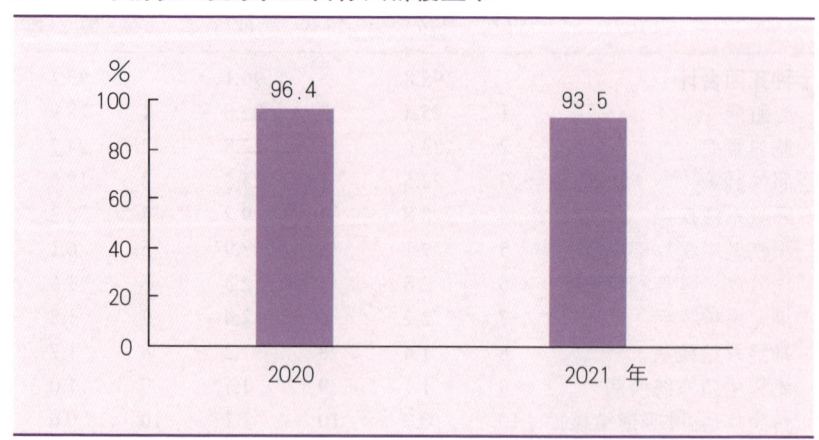

资料来源：国家卫生健康委。

三、教育

表3.1 全国各级各类学校数

单位：所

年份	普通、职业高等学校	普通高中	中等职业教育	初中	普通小学	特殊教育	学前教育
2011	2409	13688	13083	54117	241249	1767	166750
2012	2442	13509	12654	53216	228585	1853	181251
2013	2491	13352	12262	52804	213529	1933	198553
2014	2529	13253	11878	52623	201377	2000	209881
2015	2560	13240	11202	52405	190525	2053	223683
2016	2596	13383	10893	52118	177633	2080	239812
2017	2631	13555	10671	51894	167009	2107	254950
2018	2663	13737	10229	51982	161811	2152	266677
2019	2688	13964	10078	52415	160148	2192	281174
2020	2738	14235	9896	52805	157979	2244	291715
2021	2756	14585	9786	52871	154279	2288	294832

资料来源：教育部。
注：2021年中等职业教育未含技工学校数据。

表3.2 各级学校生师比（教师人数=1）

年份	小学阶段	初中阶段	普通高中	中等职业教育	高等教育
2011	17.71	14.38	15.77	24.97	17.42
2012	17.36	13.59	15.47	24.19	17.52
2013	16.76	12.76	14.95	22.97	17.53
2014	16.78	12.57	14.44	21.34	17.68
2015	17.05	12.41	14.01	20.47	17.73
2016	17.12	12.41	13.65	19.84	17.07
2017	16.98	12.52	13.39	18.98	17.52
2018	16.97	12.79	13.10	19.10	17.56
2019	16.85	12.88	12.99	18.94	17.95
2020	16.67	12.73	12.90	19.54	18.37
2021	16.33	12.64	12.84	18.86	18.54

资料来源：教育部。
注：2021年中等职业教育未含技工学校数据。

表3.3 全国各级教育入学率及升学率

单位:%

年份	学前教育毛入园率	小学学龄儿童净入学率	#女	初中阶段毛入学率	九年义务教育巩固率
2011	62.3	99.79	99.80	100.1	91.5
2012	64.5	99.85	99.86	102.1	91.8
2013	67.5	99.71	99.72	104.4	92.3
2014	70.5	99.81	99.83	103.5	92.6
2015	75.0	99.88	99.88	104.0	93.0
2016	77.4	99.92	99.93	104.0	93.4
2017	79.6	99.91	99.89	103.5	93.8
2018	81.7	99.95	99.95	100.9	94.2
2019	83.4	99.94	99.93	102.6	94.8
2020	85.2	99.96	99.96	102.5	95.2
2021	88.1	99.96	99.96	102.5	95.4

资料来源:教育部。

表3.3 续表

单位:%

年份	高中阶段毛入学率	高等教育毛入学率	小学升学率	初中升学率
2011	84.0	26.9	98.3	88.6
2012	85.0	30.0	98.3	88.4
2013	86.0	34.5	98.3	91.2
2014	86.5	37.5	98.0	95.1
2015	87.0	40.0	98.2	94.1
2016	87.5	42.7	98.7	93.7
2017	88.3	45.7	98.8	94.9
2018	88.8	48.1	99.1	95.2
2019	89.5	51.6	99.5	94.5
2020	91.2	54.4	99.5	94.6
2021	91.4	57.8	99.3	

表3.4　2021年各级各类学校教职工人数及性别构成

类　别	教职工数（万人）	#女	性别构成(%) 男	性别构成(%) 女
高等教育学校	**278.6**	**143.0**	**48.7**	**51.3**
普通本科院校	193.1	96.0	50.3	49.7
#独立学院	8.3	4.7	42.7	57.3
本科层次职业学校	3.2	1.7	47.6	52.4
高职(专科)学校	78.7	43.4	44.9	55.1
成人高等学校	3.4	1.9	44.6	55.4
其他普通高教机构(人)	209	142	32.1	67.9
高中阶段学校	**394.8**	**226.9**	**42.5**	**57.5**
普通高中	312.0	182.2	41.6	58.4
完全中学	116.3	67.7	41.8	58.2
高级中学	148.3	82.0	44.7	55.3
十二年一贯制学校	47.4	32.5	31.4	68.6
中等职业教育	82.8	44.7	46.0	54.0
中等职业学校	81.6	44.1	46.0	54.0
其他中职机构	1.1	0.6	46.8	53.2
义务教育阶段学校	**1090.8**	**723.7**	**33.7**	**66.3**
初中学校	468.6	284.8	39.2	60.8
初级中学	291.4	166.5	42.9	57.1
九年一贯制学校	177.1	118.2	33.3	66.7
职业初中(人)	235	123	47.7	52.3
普通小学	622.2	438.9	29.5	70.5
小学	584.6	418.6	28.4	71.6
小学教学点	37.6	20.3	45.9	54.1
特殊教育学校	**8.3**	**6.0**	**27.8**	**72.2**
幼儿园	**564.6**	**523.2**	**7.3**	**92.7**
专门学校(人)	**3149**	**1349**	**57.2**	**42.8**

资料来源:教育部。
注:1.九年一贯制学校的教职工数计入初中阶段教育,十二年一贯制学校的教职工数计入高中阶段教育。
　　2.中等职业教育未含技工学校数据。

表3.4 续表

类　别	专任教师（万人）	#女	性别构成（%）	
			男	女
高等教育学校	**188.5**	**98.3**	**47.9**	**52.1**
普通本科院校	127.0	63.0	50.4	49.6
#独立学院	6.0	3.5	41.7	58.3
本科层次职业学校	2.6	1.4	46.1	53.9
高职（专科）院校	57.0	32.7	42.6	57.4
成人高等学校	2.0	1.2	39.1	60.9
其他普通高教机构（人）	91	67	26.4	73.6
高中阶段学校	**272.4**	**154.3**	**43.4**	**56.6**
普通高中	202.8	114.6	43.5	56.5
完全中学	59.4	33.2	44.1	55.9
高级中学	131.3	74.4	43.4	56.6
十二年一贯制学校	11.5	6.7	41.6	58.4
中等职业教育	69.5	39.6	43.0	57.0
中等职业学校	66.2	37.6	43.2	56.8
其他中职机构	3.4	2.1	39.3	60.7
义务教育阶段学校	**1057.2**	**714.5**	**32.4**	**67.6**
初中学校	397.1	237.3	40.2	59.8
初级中学	266.6	155.9	41.5	58.5
九年一贯制学校	73.2	44.5	39.2	60.8
职业初中（人）	206	117	43.2	56.8
普通小学	660.1	477.2	27.7	72.3
小学	536.0	390.4	27.2	72.8
小学教学点	33.0	17.5	47.0	53.0
特殊教育学校	**6.9**	**5.2**	**25.0**	**75.0**
幼儿园	**319.1**	**311.5**	**2.4**	**97.6**
专门学校（人）	**2249**	**1031**	**54.2**	**45.8**

表3.5 2021年高等教育专任教师按学历、年龄分人数及性别构成

类别	人数（人）	#女	性别构成(%) 男	性别构成(%) 女
合计	1885214	982617	47.9	52.1
按学历分：				
博士	541955	207800	61.7	38.3
硕士	722942	454309	37.2	62.8
本科	608493	316008	48.1	51.9
专科及以下	11824	4500	61.9	38.1
按年龄分：				
29岁及以下	207351	138404	33.3	66.7
30—34岁	337435	196084	41.9	58.1
35—39岁	370316	206114	44.3	55.7
40—44岁	357417	191341	46.5	53.5
45—49岁	229540	108697	52.6	47.4
50—54岁	176886	78195	55.8	44.2
55—59岁	177183	56718	68.0	32.0
60—64岁	19783	4792	75.8	24.2
65岁及以上	9303	2272	75.6	24.4

资料来源：教育部。

表3.6 2021年普通、职业高等学校专任教师按授课内容分人数及性别构成

授课内容	人数（人）	#女	性别构成(%) 男	女
合计	1755075	919360	47.6	52.4
公共课基础课	414658	237692	42.7	57.3
专业课	1340417	681668	49.1	50.9
#双师型	256129	143833	43.8	56.2

资料来源：教育部。

表3.7 2021年普通、职业高等学校专任教师按未任课原因分人数及性别构成

未任课原因	人数（人）	#女	性别构成(%) 男	女
合计	110466	51273	53.6	46.4
进修	16934	8913	47.4	52.6
科研	25611	9320	63.6	36.4
病休	2999	1827	39.1	60.9
其他	64922	31213	51.9	48.1

资料来源：教育部。

表3.8　2021年普通高中专任教师按学历、专业技术职务分人数及性别构成

类别	人数（人）	#女	性别构成(%) 男	性别构成(%) 女
合　计	2028341	1146403	43.5	56.5
按学历分：				
研究生毕业	251269	178662	28.9	71.1
本科毕业	1753185	959934	45.2	54.8
专科毕业	23370	7651	67.3	32.7
高中阶段毕业	500	152	69.6	30.4
高中阶段以下毕业	17	4	76.5	23.5
按专业技术职务分：				
正高级	7589	2149	71.7	28.3
副高级	543817	216641	60.2	39.8
中　级	714834	404720	43.4	56.6
助理级	468573	324949	30.7	69.3
员　级	28450	19017	33.2	66.8
未定职级	265078	178927	32.5	67.5

资料来源：教育部。

表3.9 2021年初中阶段教育专任教师按学历、专业技术职务分人数及性别构成

类别	人数（人）	#女	性别构成(%)	
			男	女
合计	3971121	2373454	40.2	59.8
按学历分：				
研究生毕业	181824	145578	19.9	80.1
本科毕业	3394217	2077720	38.8	61.2
专科毕业	391597	149338	61.9	38.1
高中阶段毕业	3338	766	77.1	22.9
高中阶段以下毕业	145	52	64.1	35.9
按专业技术职务分：				
正高级	3985	1706	57.2	42.8
副高级	839480	383648	54.3	45.7
中级	1510438	842624	44.2	55.8
助理级	1003307	703003	29.9	70.1
员级	68956	48347	29.9	70.1
未定职级	544955	394126	27.7	72.3

资料来源：教育部。

表3.10 2021年小学阶段专任教师按学历、专业技术职务分人数及性别构成

类别	人数（人）	#女	性别构成(%)	
			男	女
合 计	6600799	4772017	27.7	72.3
按学历分：				
研究生毕业	124565	108837	12.6	87.4
本科毕业	4516064	3497995	22.5	77.5
专科毕业	1856305	1133601	38.9	61.1
高中阶段毕业	102507	31138	69.6	30.4
高中阶段以下毕业	1358	446	67.2	32.8
按专业技术职务分：				
正高级	2589	1424	45.0	55.0
副高级	660273	357312	45.9	54.1
中 级	2704163	1794110	33.7	66.3
助理级	1936240	1539504	20.5	79.5
员 级	197826	158949	19.7	80.3
未定职级	1099708	920718	16.3	83.7

资料来源：教育部。

表3.11　2021年特殊教育专任教师按学历、专业技术职务分人数及性别构成

类别	人数（人）	#女	性别构成(%)	
			男	女
合计	69353	51997	25.0	75.0
按学历分：				
研究生毕业	2216	1829	17.5	82.5
本科毕业	51431	39195	23.8	76.2
专科毕业	14897	10432	30.0	70.0
高中阶段毕业	770	510	33.8	66.2
高中阶段以下毕业	39	31	20.5	79.5
按专业技术职务分：				
正高级	122	78	36.1	63.9
副高级	11923	7813	34.5	65.5
中级	28004	20390	27.2	72.8
助理级	18163	14454	20.4	79.6
员级	2360	1920	18.6	81.4
未定职级	8781	7342	16.4	83.6

资料来源：教育部。

表3.12 2021年各级各类学校在校学生数及性别构成

类别	人数（万人）	#女	性别构成(%)	
			男	女
高等教育	5535.9	2780.7	49.8	50.2
研究生	333.2	171.7	48.5	51.5
普通本科	1893.1	1008.0	46.8	53.2
职业本专科	1603.0	748.1	53.3	46.7
成人本专科	832.7	480.5	42.3	57.7
网络本专科	873.9	372.3	57.4	42.6
高中阶段教育	4403.1	2059.8	53.2	46.8
普通高中	2605.0	1308.1	49.8	50.2
中等职业教育	1738.5	726.6	58.2	41.8
国家开放大学中职部	59.6	25.0	58.0	42.0
义务教育阶段教育	15798.4	7367.0	53.4	46.6
初中阶段	5018.4	2331.0	53.6	46.4
#初级中学	3343.5	1570.7	53.0	47.0
小学阶段	10779.9	5036.0	53.3	46.7
#小学	8982.0	4216.3	53.1	46.9
特殊教育	92.0	33.7	63.4	36.6
学前教育	4805.2	2273.4	52.7	47.3
专门学校(人)	7160	1237	82.7	17.3

资料来源：教育部、人社部。
注：中等职业教育包括技工学校数据。

教 育　33

表3.13　2021年高等教育研究生在校生人数及性别构成

类别	人数(人)	#女	性别构成(%)	
			男	女
合 计	3332373	1717458	48.5	51.5
博士	509453	214877	57.8	42.2
硕士	2822920	1502581	46.8	53.2
普通本科学校	3299770	1702355	48.4	51.6
博士	501346	211695	57.8	42.2
硕士	2798424	1490660	46.7	53.3
科研机构	32603	15103	53.7	46.3
博士	8107	3182	60.7	39.3
硕士	24496	11921	51.3	48.7

资料来源:教育部。

表3.14　2021年普通、职业本专科学生人数及性别构成

类别	人数(人)	#女	性别构成(%)	
			男	女
毕业生数	8265064	4412644	46.6	53.4
普通本科	4280970	2368720	44.7	55.3
职业专科	3984094	2043924	48.7	51.3
招生数	10013151	5313188	46.9	53.1
普通本科	4445969	2713686	39.0	61.0
职业本专科	5567182	2599502	53.3	46.7
本科	41381	26632	35.6	64.4
专科	5525801	2572870	53.4	46.6
在校生数	34961307	17561048	49.8	50.2
普通本科	18931044	10080059	46.8	53.2
职业本专科	16030263	7480989	53.3	46.7
本科	129297	63017	51.3	48.7
专科	15900966	7417972	53.3	46.7

资料来源:教育部。

表3.15　2021年成人本专科学生人数及性别构成

类别	人数（人）	#女	性别构成(%) 男	性别构成(%) 女
毕业生数	2779485	1652115	40.6	59.4
本科	1420887	891142	37.3	62.7
专科	1358598	760973	44.0	56.0
招生数	3785288	2149819	43.2	56.8
本科	2042982	1176639	42.4	57.6
专科	1742306	973180	44.1	55.9
在校生数	8326521	4805346	42.3	57.7
本科	4591098	2707640	41.0	59.0
专科	3735423	2097706	43.8	56.2

资料来源：教育部。

表3.16　2021年网络本专科学生人数及性别构成

类别	人数（人）	#女	性别构成(%) 男	性别构成(%) 女
毕业生数	2590593	1193059	53.9	46.1
本科	898773	450129	49.9	50.1
专科	1691820	742930	56.1	43.9
招生数	2839192	1200514	57.7	42.3
本科	1186772	522563	56.0	44.0
专科	1652420	677951	59.0	41.0
在校生数	8739006	3723318	57.4	42.6
本科	3328548	1507692	54.7	45.3
专科	5410458	2215626	59.0	41.0

资料来源：教育部。

表3.17　2021年高中阶段教育在校生人数及性别构成

类别	人数（万人）	#女	性别构成(%)	
			男	女
合计	4343.6	2034.8	53.2	46.8
普通高中	2605.0	1308.1	49.8	50.2
完全中学	796.5	400.0	49.8	50.2
高级中学	1646.5	836.2	49.2	50.8
十二年一贯制学校	153.3	67.8	55.8	44.2
附设普通高中班	8.8	4.1	52.8	47.2
中等职业教育	1738.5	726.6	58.2	41.8
中等职业学校	1211.2	536.1	55.7	44.3
附设中职班	100.6	49.4	50.9	49.1
技工学校	426.7	141.1	66.9	33.1

资料来源：教育部，人社部。

表3.18　2021年义务教育阶段学生人数及性别构成

类别	人数（万人）	#女	性别构成(%)	
			男	女
毕业生数	3305.2	1538.1	53.5	46.5
初中阶段	1587.1	738.8	53.5	46.5
小学阶段	1718.0	799.3	53.5	46.5
招生数	3488.0	1629.4	53.3	46.7
初中阶段	1705.4	793.9	53.4	46.6
小学阶段	1782.6	835.4	53.1	46.9
在校生数	15798.4	7367.0	53.4	46.6
初中阶段	5018.4	2331.0	53.6	46.4
小学阶段	10779.9	5036.0	53.3	46.7

资料来源：教育部。

表3.19　2021年学前教育、特殊教育及专门学校学生人数及性别构成

类别	人数（万人）	#女	性别构成(%) 男	性别构成(%) 女
毕业生数				
学前教育	1714.8	806.3	53.0	47.0
特殊教育	14.6	5.4	63.0	37.0
专门学校（人）	4244	602	85.8	14.2
招生数				
学前教育	1526.2	724.5	52.5	47.5
特殊教育	14.9	5.6	62.6	37.4
专门学校（人）	5746	840	85.4	14.6
在校生数				
学前教育	4805.2	2273.4	52.7	47.3
特殊教育	92.0	33.7	63.4	36.6
专门学校（人）	7160	1237	82.7	17.3

资料来源：教育部。

表3.20　2021年进城务工人员子女义务教育阶段在校生人数及性别构成

类别	人数（万人）	#女	性别构成(%) 男	性别构成(%) 女
普通小学：				
进城务工人员随迁子女	984.1	447.5	54.5	45.5
外省迁入	418.5	188.8	54.9	45.1
本省外县迁入	565.6	258.7	54.3	45.7
农村留守儿童	777.9	361.4	53.5	46.5
初中：				
进城务工人员随迁子女	388.3	175.7	54.8	45.2
外省迁入	157.9	70.6	55.3	44.7
本省外县迁入	230.4	105.1	54.4	45.6
农村留守儿童	421.3	195.5	53.6	46.4

资料来源：教育部。

表3.21　2021年6岁及以上人口受教育程度及性别构成

受教育程度	样本人口数（人）	#女	性别构成(%)	
			男	女
6岁及以上人口	**1402340**	**686673**	**51.0**	**49.0**
未上过学	51186	36501	28.7	71.3
小学	365918	195372	46.6	53.4
初中	487144	223962	54.0	46.0
高中	233626	103981	55.5	44.5
大学专科	133342	62438	53.2	46.8
大学本科	117460	57914	50.7	49.3
研究生	13665	6505	52.4	47.6

资料来源：国家统计局，《中国统计年鉴2022》。
注：本表是2021年全国人口变动情况抽样调查样本数据，抽样比为1.058‰。

表3.22　分性别文盲人口占15岁及以上人口的比重

单位：%

年份	文盲人口占15岁及以上人口的比重	男	女
2012	4.96	2.67	7.32
2013	4.60	2.53	6.73
2014	4.92	2.51	7.40
2015	5.42	2.89	8.01
2016	5.28	2.74	7.89
2017	4.85	2.42	7.34
2018	4.94	2.42	7.52
2019	4.59	2.22	7.01
2020	3.26	1.62	4.96
2021	3.21	1.50	4.96

资料来源：国家统计局，历年中国统计年鉴。
注：本表文盲人口指15岁及以上不识字及识字很少的人口。下同。

表3.23 全国6-17岁儿童在校率

单位：%

类别	2000年	2010年	2020年
合计	86.1	91.8	92.0
男性	87.1	91.6	91.7
女性	85.1	92.1	92.4
城镇	90.1	93.7	92.6
男性	90.7	93.5	92.3
女性	89.5	93.9	93.0
乡村	84.4	90.3	91.1
男性	85.6	90.1	90.7
女性	83.0	90.5	91.5

资料来源：国家统计局，根据历次全国人口普查汇总资料计算整理。

表3.24 2020年6-17岁儿童分学龄在校率

单位：%

类别	合计	6-11岁	12-14岁	15-17岁
合计	92.0	90.5	95.0	92.4
男性	91.7	90.3	94.8	91.4
女性	92.4	90.6	95.3	93.7
城镇	92.6	90.6	94.9	94.5
男性	92.3	90.5	94.7	93.6
女性	93.0	90.8	95.1	95.5
乡村	91.1	90.2	95.2	88.0
男性	90.7	90.2	94.9	86.6
女性	91.5	90.3	95.4	89.7

资料来源：国家统计局，根据2020年全国人口普查汇总资料计算整理。

表3.25　2020年小学、初中及高中完成率

单位：%

类别	14-16岁 小学完成率	17-19岁 初中完成率	20-22岁 高中完成率
合计	**98.2**	**93.8**	**73.9**
男性	98.2	93.5	71.0
女性	98.2	94.1	77.0
城镇	**98.7**	**95.9**	**81.2**
男性	98.7	95.6	78.6
女性	98.7	96.2	84.0
乡村	**97.3**	**88.8**	**55.3**
男性	97.3	88.7	52.6
女性	97.2	88.8	58.4

资料来源：国家统计局，根据2020年全国人口普查汇总资料计算整理。

注：按照SDG的定义，完成率为超过某个教育阶段最高年级规定年龄3-5岁时已完成该年级学业的人口比重。按照我国的入学年龄和学制规定，分别对应14-16岁小学完成率、17-19岁初中完成率和20-22岁高中完成率。

表3.26　各类家长学校情况

年份	家长学校数 （万个）	培训人次 （万人次）
2011	60.0	3384.0
2012	61.0	3389.0
2013	63.0	4223.0
2014	56.8	4335.4
2015	42.9	7309.1
2016	40.4	7425.5
2017	36.8	3456.6
2018	35.2	5370.2
2019	36.3	5497.8
2020	40.6	5623.6
2021	41.8	6959.4

资料来源：全国妇联。

注：家长学校数仅含妇联系统和教育系统。

图3.1 义务教育阶段在校残疾学生数

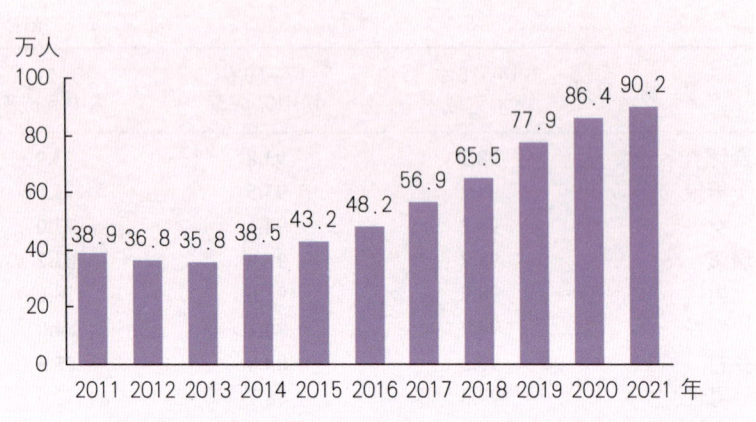

数据来源：教育部。

表3.27 助学项目资助的残疾儿童人数及性别构成（3-5岁）

年 份	人数（人）	#女	性别构成(%) 男	性别构成(%) 女
2013	10468	4008	61.7	38.3
2014	11528	4281	62.9	37.1
2015	12127	4552	62.5	37.5
2016	14412	5191	64.0	36.0
2017	18685	6671	64.3	35.7
2018	17216	6288	63.5	36.5
2019	15393	5629	63.4	36.6
2020	14694	5218	64.5	35.5

资料来源：中国残联。
注：助学项目指残疾人事业专项彩票公益金助学项目。

四、就业与社会保障

表4.1 就业人员及性别构成

年份	就业人员（万人）	性别构成(%)	
		男	女
2010	76105	55.3	44.7
2011	76196	55.3	44.7
2012	76254	55.2	44.8
2013	76301	55.0	45.0
2014	76349	55.2	44.8
2015	76320	57.1	42.9
2016	76245	56.9	43.1
2017	76058	56.5	43.5
2018	75782	56.3	43.7
2019	75447	56.8	43.2
2020	75064	56.5	43.5
2021	74652	56.9	43.1

资料来源：国家统计局，《中国人口和就业统计年鉴2022》。

表4.2 城镇非私营单位就业人员及性别构成

年份	就业人员（万人）	#女	性别构成(%)	
			男	女
2010	13052	4862	62.8	37.2
2011	14413	5228	63.7	36.3
2012	15236	5459	64.2	35.8
2013	18108	6338	65.0	35.0
2014	18278	6546	64.2	35.8
2015	18062	6527	63.9	36.1
2016	17888	6518	63.6	36.4
2017	17644	6545	62.9	37.1
2018	17258	6428	62.8	37.2
2019	17162	6684	61.1	38.9
2020	17039	6779	60.2	39.8
2021	17015	6852	59.7	40.3

资料来源：国家统计局，《中国人口和就业统计年鉴2022》。

表4.3 城镇登记失业人员及性别构成

年份	城镇登记失业人员（万人）	性别构成(%)	
		男	女
2010	908	58.7	41.3
2011	922	58.9	41.1
2012	917	57.4	42.6
2013	926	58.7	41.3
2014	952	57.5	42.5
2015	966	58.3	41.7
2016	982	55.7	44.3
2017	972	56.9	43.1
2018	974	55.9	44.1
2019	945	52.0	48.0
2020	1160	55.2	44.8
2021	1040	58.1	41.9

资料来源：人力资源和社会保障部。

表4.4 城镇登记失业率和城镇调查失业率

单位：%

年份	城镇登记失业率	城镇调查失业率
2010	4.1	
2011	4.1	
2012	4.1	
2013	4.1	
2014	4.1	
2015	4.1	
2016	4.0	
2017	3.9	
2018	3.8	4.9
2019	3.6	5.2
2020	4.2	5.2
2021	4.0	5.1

资料来源：城镇登记失业率为人力资源和社会保障部，城镇调查失业率为国家统计局。

表4.5 城镇职工基本养老保险参保人数及性别构成

年份	参保人数（万人）	#女	性别构成(%)	
			男	女
2010	25707	11202	56.4	43.6
2011	28391	12575	55.7	44.3
2012	30427	13829	54.6	45.4
2013	32218	14612	54.6	45.4
2014	34124	15463	54.7	45.3
2015	35361	15715	55.6	44.4
2016	37930	17663	53.4	46.6
2017	40293	17709	56.0	44.0
2018	41902	18667	55.5	44.5
2019	43488	19801	54.5	45.5
2020	45621	20857	54.3	45.7
2021	48074	22656	52.9	47.1

资料来源：人力资源和社会保障部。
注：女性数据为不完全统计数。

表4.6 2021年城乡居民基本养老保险参保人数及性别构成

类别	参保人数（万人）	#女	性别构成(%)	
			男	女
城乡居民基本养老保险	**54797**	**26304**	**52.0**	**48.0**
城镇居民	2724	1312	51.8	48.2
农村居民	52073	24992	52.0	48.0

资料来源：人力资源和社会保障部。

表4.7 职工基本医疗保险参保人数及性别构成

年份	参保人数（万人）	#女	性别构成(%)	
			男	女
2010	23735	10537	55.6	44.4
2011	25227	11398	54.8	45.2
2012	26486	12207	53.9	46.1
2013	27443	12657	53.9	46.1
2014	28296	13013	54.0	46.0
2015	28893	13512	53.2	46.8
2016	29532	13852	53.1	46.9
2017	30323	14302	52.8	47.2
2018	31681	14945	52.8	47.2
2019	32925	15790	52.0	48.0
2020	34455	16339	52.6	47.4
2021	35431	17128	51.7	48.3

资料来源：2010-2017年为人力资源和社会保障部，2018-2021年为国家医疗保障局。

表4.8 城乡居民基本医疗保险参保人数及性别构成

年份	参保人数（万人）	#女	性别构成(%)	
			男	女
2011	22116	7531	65.9	34.1
2012	27156	10996	59.5	40.5
2013	29629	12174	58.9	41.1
2014	31451	13900	55.8	44.2
2015	37689	17177	54.4	45.6
2016	44860	18946	57.8	42.2
2017	87359	38062	56.4	43.6
2018	102778	39345	61.7	38.3
2019	102483	47120	54.0	46.0
2020	101676	48597	52.2	47.8
2021	100866	48629	51.8	48.2

资料来源：2011-2017年为人力资源和社会保障部，2018-2021年为国家医疗保障局。
注：2016年及以前年份为城镇居民。

表4.9　失业保险参保人数及性别构成

年份	参保人数（万人）	#女	性别构成(%)	
			男	女
2010	13376	5149	61.5	38.5
2011	14317	5815	59.4	40.6
2012	15225	6304	58.6	41.4
2013	16417	6862	58.2	41.8
2014	17043	7145	58.1	41.9
2015	17326	7294	57.9	42.1
2016	18089	7551	58.3	41.7
2017	18784	7950	57.7	42.3
2018	19643	8341	57.5	42.5
2019	20543	8677	57.8	42.2
2020	21689	9207	57.5	42.5
2021	22958	9817	57.2	42.8

资料来源：人力资源和社会保障部。

表4.10　工伤保险参保人数及性别构成

年份	参保人数（万人）	#女	性别构成(%)	
			男	女
2010	16161	5699	64.7	35.3
2011	17696	6202	65.0	35.0
2012	19010	7145	62.4	37.6
2013	19917	7537	62.2	37.8
2014	20639	8070	60.9	39.1
2015	21432	8074	62.3	37.7
2016	21889	8128	62.9	37.1
2017	22724	8594	62.2	37.8
2018	23874	9313	61.0	39.0
2019	25478	9684	62.0	38.0
2020	26763	10269	61.6	38.4
2021	28287	10631	62.4	37.6

资料来源：人力资源和社会保障部。

表4.11 生育保险参保人数及性别构成

年 份	参保人数（万人）	#女	性别构成(%)	
			男	女
2010	12336	5367	56.5	43.5
2011	13892	6033	56.6	43.4
2012	15429	6700	56.6	43.4
2013	16392	7117	56.6	43.4
2014	17039	7407	56.5	43.5
2015	17771	7712	56.6	43.4
2016	18451	8020	56.5	43.5
2017	19300	8428	56.3	43.7
2018	20434	8927	56.3	43.7
2019	21417	9343	56.4	43.6
2020	23567	10298	56.3	43.7
2021	23752	10457	56.0	44.0

资料来源：2010-2017年为人力资源和社会保障部，2018-2021年为国家医疗保障局。

表4.12 由就业培训中心和民办职业培训机构举办的职业技能培训人数及性别构成

年 份	培训人数（万人）	#女	性别构成(%)	
			男	女
2012	2049	853	58.4	41.6
2013	2049	882	57.0	43.0
2014	1935	824	57.4	42.6
2015	1908	762	60.1	39.9
2016	1775	755	57.4	42.6
2017	1690	749	55.7	44.3
2018	1651	743	55.0	45.0
2019	1877	873	53.5	46.5
2020	4910	1635	66.7	33.3
2021	4720	1689	64.2	35.8

资料来源：人力资源和社会保障部。
注：1.指参加政府财政补贴的各类职业培训人数。下同。
　　2.2020年各地组织开展重点企业职工培训，虽然培训人数大幅度增加，但由于建筑等行业女性职工较少，因此女性占比偏低。
　　3.2021年包括未分性别的以工代训人员。

表4.13　参加职业技能培训取得证书人数及性别构成

年份	人数（万人）	#女	性别构成(%)	
			男	女
2018	1133.6	480.9	57.6	42.4
2019	1451.5	593.7	59.1	40.9
2020	2225.6	909.6	59.1	40.9

资料来源：人力资源和社会保障部。

表4.14　参加职业技能培训实现就业人数及性别构成

年份	人数（万人）	#女	性别构成(%)	
			男	女
2018	805.0	364.0	54.8	45.2
2019	825.4	378.2	54.2	45.8
2020	817.3	293.0	64.2	35.8

资料来源：人力资源和社会保障部。

表4.15 实现就业的就业困难人数及性别构成

年份	人数（人）	#女	性别构成(%)	
			男	女
2018	2674141	1313687	50.9	49.1
2019	2694613	1313417	51.3	48.7
2020	2673512	1374920	48.6	51.4
2021	2654174	1400754	47.2	52.8

资料来源：人力资源和社会保障部。

表4.16 残疾人就业人数及性别构成

年份	人数（万人）	#女	性别构成(%)	
			男	女
2017	942.1	296.8	68.5	31.5
2018	948.4	298.2	68.6	31.4
2019	855.2	260.3	69.6	30.4
2020	861.7	260.0	69.8	30.2
2021	881.6	262.3	70.2	29.8

资料来源：中国残联。

表4.17 执行了《女职工劳动保护特别规定》及设立女职工哺乳室的企业比重

单位：%

年 份	执行《女职工劳动保护特别规定》的企业比重	设立女职工哺乳室的企业比重
2010	54.9	
2011	59.3	
2012	66.5	
2013	67.2	
2014	72.6	
2015	74.0	
2016	73.0	
2017	71.2	
2018	68.4	11.3
2019	69.6	11.3
2020	71.3	11.0
2021	73.3	11.4

资料来源：全国总工会。

图4.1 人力资源和社会保障部门查处违反女职工和未成年工特殊保护规定案件数

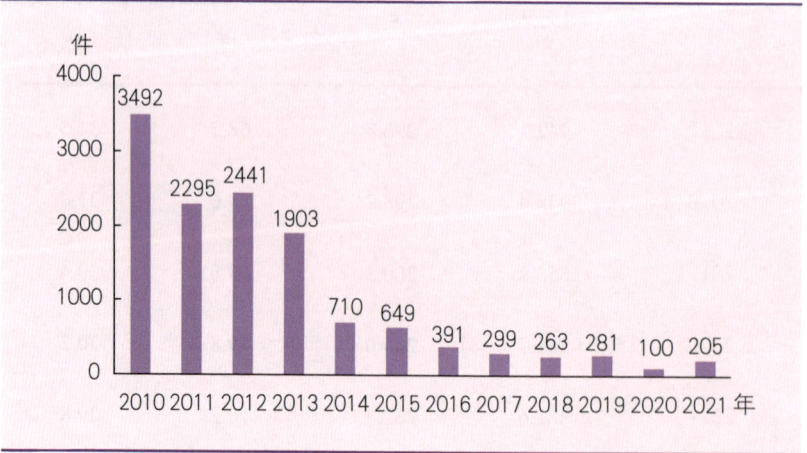

资料来源：人力资源和社会保障部。

五、社会服务

表5.1 城市居民最低生活保障人数及性别构成

年份	城市居民最低生活保障人数（万人）	#女	性别构成(%)	
			男	女
2011	2276.8	920.2	59.6	40.4
2012	2143.5	889.9	58.5	41.5
2013	2064.2	867.0	58.0	42.0
2014	1877.0	792.4	57.8	42.2
2015	1701.1	727.1	57.3	42.7
2016	1480.2	643.6	56.5	43.5
2017	1261.0	561.4	55.5	44.5
2018	1007.0	451.6	55.2	44.8
2019	860.9	386.3	55.1	44.9
2020	805.1	372.2	53.8	46.2
2021	737.8	345.2	53.2	46.8

资料来源：民政部。

表5.2 农村居民最低生活保障人数及性别构成

年份	农村居民最低生活保障人数（万人）	#女	性别构成(%)	
			男	女
2011	5305.7	1700.6	67.9	32.1
2012	5344.5	1814.5	66.0	34.0
2013	5388.0	1866.5	65.4	34.6
2014	5207.2	1826.4	64.9	35.1
2015	4903.6	1795.0	63.4	36.6
2016	4586.5	1774.2	61.3	38.7
2017	4045.2	1649.2	59.2	40.8
2018	3519.1	1476.5	58.0	42.0
2019	3455.4	1502.8	56.5	43.5
2020	3620.8	1673.4	53.8	46.2
2021	3474.5	1627.8	53.1	46.9

资料来源：民政部。

表5.3 农村特困人员救助供养人数及性别构成

年 份	人 数(万人)	#女	性别构成(%)	
			男	女
2011	551.0	115.6	79.0	21.0
2012	545.6	109.4	79.9	20.1
2013	537.3	102.0	81.0	19.0
2014	529.1	94.1	82.2	17.8
2015	516.8	87.2	83.1	16.9
2016	496.9	76.2	84.7	15.3
2017	466.9	61.5	86.8	13.2
2018	455.0	57.0	87.5	12.5
2019	439.1	47.0	89.3	10.7
2020	446.3	49.1	89.0	11.0
2021	437.3	45.4	89.6	10.4

资料来源:民政部。
注:2016年之前农村特困人员指农村五保人员,下同。

图5.1 农村特困人员救助供养人员中未成年人数

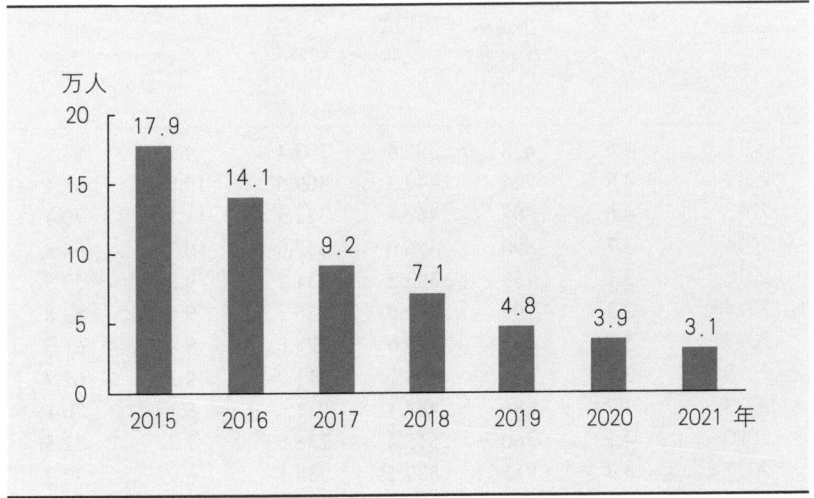

资料来源:民政部。

表5.4 城乡居民最低生活保障平均标准

单位：元/人月

年份	城市	农村
2011	287.6	143.2
2012	330.1	172.3
2013	373.3	202.8
2014	410.5	231.4
2015	451.1	264.8
2016	494.6	312.0
2017	540.6	358.4
2018	579.7	402.8
2019	624.0	444.6
2020	677.6	496.9
2021	711.4	530.2

资料来源：民政部。

表5.5 提供住宿的民政服务机构基本情况

年份	机构数（万个）	#儿童收养救助（个）	床位数（万张）	收留抚养和救助人数（万人）	#儿童	#女
2011	4.6	638	396.4	293.4	4.6	63.9
2012	4.8	724	449.3	309.5	10.8	68.4
2013	4.6	803	462.4	322.5	11.1	70.4
2014	3.7	890	426.0	337.0	10.3	64.3
2015	3.1	753	393.2	231.7	9.8	57.5
2016	3.2	705	414.0	236.3	9.6	59.8
2017	3.2	663	419.6	228.8	9.4	61.6
2018	3.1	651	408.1	211.9	9.3	62.7
2019	3.7	686	467.4	231.6	8.1	70.1
2020	4.1	760	515.4	235.6	7.3	72.5
2021	4.3	815	530.5	238.1	6.9	77.2

资料来源：民政部。

表5.6 孤儿总数

年 份	合 计（人）	集中养育	社会散居
2012	570075	95251	474824
2013	548845	93899	454946
2014	525179	93522	431657
2015	502105	91712	410393
2016	460450	87502	372948
2017	409840	86025	323815
2018	305110	69760	235350
2019	233117	64482	168635
2020	193281	58989	134292
2021	172716	53302	119414

资料来源:民政部。
注:2012年以前福利机构抚养的儿童是孤儿，2013年以后含弃婴。

表5.7 家庭收养儿童情况

年 份	家庭收养儿童数（人）	#被中国公民收养的儿童	#由福利机构抚养的儿童
2011	31329	28117	1679
2012	27310	23189	1760
2013	24491	21261	9657
2014	22876	20055	10336
2015	22363	19430	10704
2016	18736	15965	8884
2017	18820	16592	9115
2018	16267	14582	8581
2019	13044	12074	3019
2020	11103	11040	3093
2021	12447	12445	3386

资料来源:民政部。

表5.8 被家庭收养的女童及残疾儿童数

单位：人

年份	女童	残疾儿童
2011	23211	3086
2012	19658	3016
2013	17164	2632
2014	16158	2637
2015	14751	3290
2016	12586	2554
2017	12425	2154
2018	10355	1479
2019	8159	906
2020	6561	151
2021	7034	115

资料来源：民政部。

表5.9 社区服务建设

年份	社区服务机构和设施（万个）	#社区服务中心（个）	基层组织中持有证书的专业社会工作者人数（人）
2011	16.0	14391	8811
2012	20.0	15497	13781
2013	25.2	19014	17905
2014	31.1	23088	19848
2015	36.1	24138	23012
2016	38.6	23493	30761
2017	40.7	25015	38425
2018	42.7	27635	46888
2019	52.8	27489	60663
2020	80.2	27835	70674
2021	56.7	28892	77774

资料来源：民政部。

表5.10 流浪乞讨人员救助管理站基本情况

年份	单位数（个）	职工人数（人）	#女	救助人次（万人次）	#女	#儿童
2011	1547	15668	5291	231.3	36.5	13.9
2012	1770	16866	5743	221.5	37.4	11.1
2013	1891	17587	5924	289.1	60.0	14.4
2014	1949	17848	5977	295.3	56.9	11.6
2015	1766	17419	5939	318.7	60.3	10.2
2016	1736	17344	5982	283.5	46.2	11.2
2017	1623	17098	5985	163.1	25.2	5.9
2018	1534	16667	5813	119.8	16.5	5.4
2019	1545	16408	5750	131.5	12.7	4.4
2020	1555	16723	5831	83.2	7.2	2.2
2021	1562	17029	6149	73.9	5.8	1.8

资料来源：民政部。

表5.11 未成年人救助保护中心基本情况

年份	单位数（个）	职工人数（人）	#女	救助人次（人次）	#女	#儿童
2011	241	1679	611	62038	7619	39851
2012	261	2030	759	65316	9695	41112
2013	274	2043	761	70873	9501	36139
2014	345	2049	810	41979	6954	41979
2015	275	1751	668	47087	5809	47087
2016	240	1696	706	51554	5709	51554
2017	194	1474	583	34929	4829	34929
2018	176	1359	553	22053	4201	22053
2019	202	1792	756	17926	3836	17926
2020	252	2477	1089	9308	1896	9308
2021	276	2722	1201	6592	2202	6592

资料来源：民政部。

表5.12 接受康复服务的残疾儿童人数

类别	2020年		2021年	
	人数(人)	构成(%)	人数(人)	构成(%)
合 计	620249		616148	
持证残疾儿童	480145	100.0	426441	100.0
视力残疾	16535	3.4	11250	2.6
听力残疾	50546	10.5	45646	10.7
言语残疾	7641	1.6	9052	2.1
肢体残疾	125485	26.1	98146	23.0
智力残疾	157737	32.9	139278	32.7
精神残疾	44086	9.2	46031	10.8
多重残疾	78115	16.3	77038	18.1
未持证残疾儿童	140104		189707	

资料来源：中国残联。

图5.2 开展残疾儿童康复的残疾人康复机构数

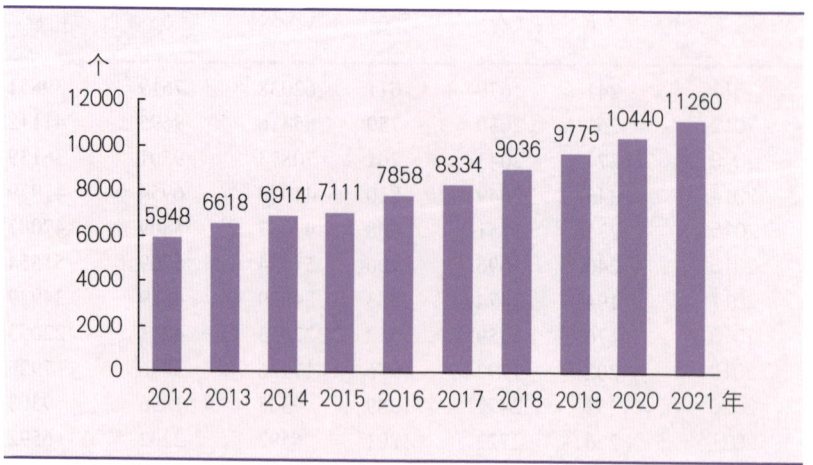

资料来源：中国残联。

图5.3 残疾儿童接受康复救助人数

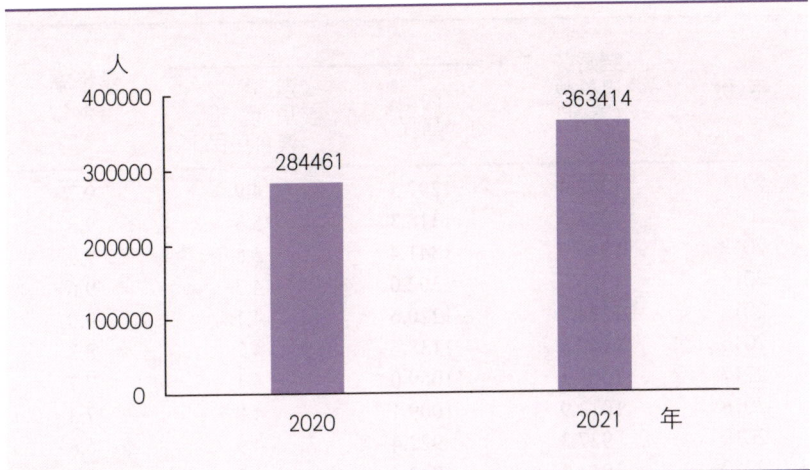

资料来源：中国残联。

表5.13 结婚登记人口婚姻状况

年 份	结婚登记人数（万人）	初婚	再婚	#女（万人）	#复婚（万对）
2011	2604.8	2309.9	294.9	146.5	21.0
2012	2647.2	2361.2	286.0	145.8	23.0
2013	2693.8	2386.0	307.9	156.5	29.9
2014	2613.5	2286.8	326.7	168.7	34.8
2015	2449.4	2109.0	340.4	177.2	39.9
2016	2285.6	1913.3	372.4	195.0	47.4
2017	2126.2	1746.3	379.9	201.4	52.3
2018	2027.9	1598.7	429.2	230.6	56.3
2019	1854.7	1398.7	455.9	246.8	61.9
2020	1628.7	1228.6	400.1	219.0	55.5
2021	1528.6	1157.8	370.8	205.4	49.6

资料来源：民政部。

表5.14 结婚登记情况

年 份	结婚登记总数（万对）	内地居民	涉外及华侨港澳台居民	结婚率（‰）
2011	1302.4	1297.5	4.9	9.7
2012	1323.6	1318.3	5.3	9.8
2013	1346.9	1341.4	5.5	9.9
2014	1306.7	1302.0	4.7	9.6
2015	1224.7	1220.6	4.1	9.0
2016	1142.8	1138.6	4.2	8.3
2017	1063.1	1059.0	4.1	7.7
2018	1013.9	1009.1	4.8	7.3
2019	927.3	922.4	4.9	6.6
2020	814.3	812.6	1.7	5.8
2021	764.3	762.7	1.6	5.4

资料来源：民政部。

表5.15 离婚情况

年 份	离婚总数（万对）	民政部门登记	内地居民	涉外及华侨港澳台居民（对）	法院部门办理（万件）	离婚率（‰）
2011	287.4	220.7	220.2	5761	66.7	2.1
2012	310.4	242.3	241.7	6161	68.1	2.3
2013	350.0	281.5	280.9	6538	68.5	2.6
2014	363.9	295.7	295.1	6714	67.9	2.7
2015	384.3	314.9	314.3	6237	69.3	2.8
2016	415.8	348.6	348.0	6315	67.2	3.0
2017	437.4	370.4	369.8	6307	66.9	3.2
2018	446.1	381.2	380.5	7567	64.9	3.2
2019	470.1	404.7	404.0	7104	65.3	3.4
2020	433.9	373.6	373.2	4125	60.3	3.1
2021	283.9	214.1	213.9	2231	69.8	2.0

资料来源：民政部。

六、社会参与

表6.1 历届全国人民代表大会代表人数及性别构成

届别及召开年份	人数（人）	#女	性别构成(%)	
			男	女
第一届(1954)	1226	147	88.0	12.0
第二届(1959)	1226	150	87.8	12.2
第三届(1964)	3040	542	82.2	17.8
第四届(1975)	2885	653	77.4	22.6
第五届(1978)	3497	740	78.8	21.2
第六届(1983)	2978	632	78.8	21.2
第七届(1988)	2970	634	78.7	21.3
第八届(1993)	2978	626	79.0	21.0
第九届(1998)	2979	650	78.2	21.8
第十届(2003)	2984	604	79.8	20.2
第十一届(2008)	2987	637	78.7	21.3
第十二届(2013)	2987	699	76.6	23.4
第十三届(2018)	2980	742	75.1	24.9

资料来源：全国人大。

图6.1 第九至十三届全国人大常务委员会中女性比例

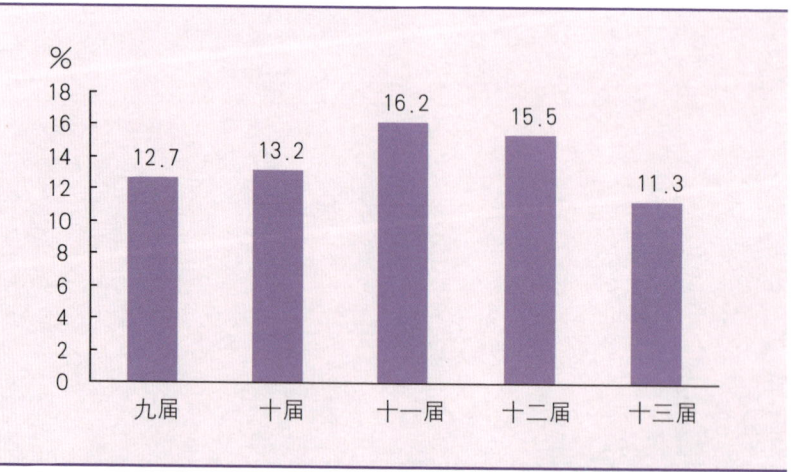

资料来源：中国政府网。

表6.2 历届全国政协委员人数及性别构成

届别及召开年份	人数（人）	#女	性别构成(%)	
			男	女
第一届(1949)	180	12	93.3	6.7
第二届(1954)	559	64	88.6	11.4
第三届(1959)	1071	87	91.9	8.1
第四届(1965)	1199	108	91.0	9.0
第五届(1978)	1988	261	86.9	13.1
第六届(1983)	2039	260	87.2	12.8
第七届(1988)	2081	289	86.1	13.9
第八届(1993)	2093	287	86.3	13.7
第九届(1998)	2196	341	84.5	15.5
第十届(2003)	2238	374	83.3	16.7
第十一届(2008)	2237	395	82.3	17.7
第十二届(2013)	2237	399	82.2	17.8
第十三届(2018)	2158	440	79.6	20.4

资料来源：全国政协。

图6.2 第九至十三届全国政协女常委比例

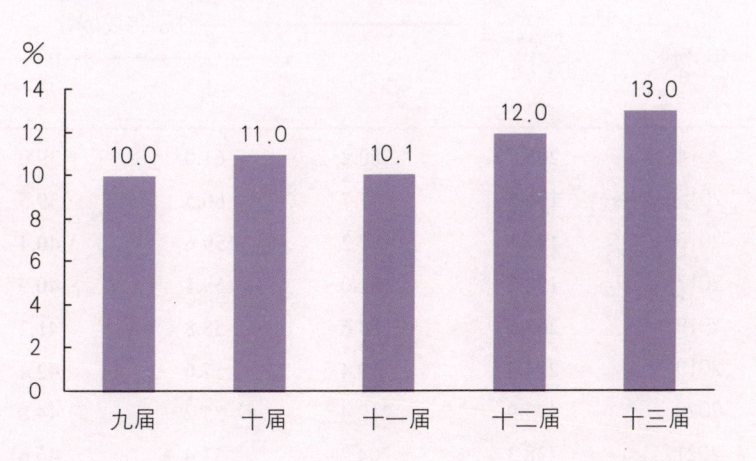

资料来源：全国政协。

表6.3 中国共产党基层组织情况

单位：万个

年 份	基层组织	基层党委	总支部	支部
2014	436.0	20.9	27.1	388.0
2015	441.3	21.3	27.6	392.4
2016	451.8	22.0	27.7	402.1
2017	457.2	22.8	29.1	405.2
2018	461.0	23.9	29.9	407.2
2019	468.1	24.9	30.5	412.7
2020	486.4	27.3	31.4	427.7
2021	493.6	27.8	31.6	434.2

资料来源：中组部。
注：2020年为截至2021年6月5日数据，下同。

表6.4 中国共产党发展党员人数及性别构成

年 份	人 数（万人）	#女	性别构成（%）	
			男	女
2014	205.7	80.2	61.0	39.0
2015	196.5	77.7	60.5	39.5
2016	191.1	77.2	59.6	40.4
2017	198.2	81.0	59.1	40.9
2018	205.5	84.6	58.8	41.2
2019	234.4	99.4	57.6	42.4
2020	473.9	212.4	55.2	44.8
2021	438.3	204.2	53.4	46.6

资料来源：中组部。

表6.5　中国共产党党员人数及性别构成

年份	人数（万人）	#女	性别构成(%)	
			男	女
2011	8260.2	1925.0	76.7	23.3
2012	8512.7	2026.9	76.2	23.8
2013	8668.6	2109.0	75.7	24.3
2014	8779.3	2167.2	75.3	24.7
2015	8875.8	2227.8	74.9	25.1
2016	8944.7	2298.2	74.3	25.7
2017	8956.4	2388.8	73.3	26.7
2018	9059.4	2466.5	72.8	27.2
2019	9191.4	2559.9	72.1	27.9
2020	9514.8	2745.0	71.2	28.8
2021	9671.2	2843.1	70.6	29.4

资料来源：中组部。

表6.6　中国共产党第十八至二十届代表大会代表人数及性别构成

届别及召开年份	人数（人）	#女	性别构成(%)	
			男	女
第十八届(2012)	2270	521	77.0	23.0
第十九届(2017)	2280	551	75.8	24.2
第二十届(2022)	2296	619	73.0	27.0

资料来源：人民网。

表6.7 中国共产党代表大会中央委员会委员人数及性别构成

届别及召开年份	中央委员（人）	#女	性别构成(%)	
			男	女
第九届(1969)	170	13	92.4	7.6
第十届(1973)	195	20	89.7	10.3
第十一届(1977)	201	14	93.0	7.0
第十二届(1982)	210	11	94.8	5.2
第十三届(1987)	175	10	94.3	5.7
第十四届(1992)	189	12	93.7	6.3
第十五届(1997)	193	8	95.9	4.1
第十六届(2002)	198	5	97.5	2.5
第十七届(2007)	204	13	93.6	6.4
第十八届(2012)	205	10	95.1	4.9
第十九届(2017)	204	10	95.1	4.9
第二十届(2022)	205	11	94.6	5.4

资料来源：人民网。

表6.7 续表

届别及召开年份	中央候补委员（人）	#女	性别构成(%)	
			男	女
第九届(1969)	109	10	90.8	9.2
第十届(1973)	124	21	83.1	16.9
第十一届(1977)	132	24	81.8	18.2
第十二届(1982)	138	13	90.6	9.4
第十三届(1987)	110	12	89.1	10.9
第十四届(1992)	130	12	90.8	9.2
第十五届(1997)	151	17	88.7	11.3
第十六届(2002)	158	22	86.1	13.9
第十七届(2007)	167	24	85.6	14.4
第十八届(2012)	171	23	86.5	13.5
第十九届(2017)	172	20	88.4	11.6
第二十届(2022)	171	22	87.1	12.9

表6.8 中国共产党第十八至二十届中央政治局委员人数及性别构成

届别及召开年份	人数（人）	#女	性别构成(%)	
			男	女
第十八届(2012)	25	2	92.0	8.0
第十九届(2017)	25	1	96.0	4.0
第二十届(2022)	24		100.0	

资料来源：人民网。

表6.9 中国共产党代表大会中央纪律检查委员会委员人数及性别构成

届别及召开年份	人数（人）	#女	性别构成(%)	
			男	女
第十三届(1987)	69	8	88.4	11.6
第十四届(1992)	108	9	91.7	8.3
第十五届(1997)	115	14	87.8	12.2
第十六届(2002)	121	14	88.4	11.6
第十七届(2007)	127	17	86.6	13.4
第十八届(2012)	130	13	90.0	10.0
第十九届(2017)	133	9	93.2	6.8
第二十届(2022)	133	9	93.2	6.8

资料来源：人民网。

表6.10 2020年各民主党派人数及性别构成

党派	人数（万人）	#女	性别构成(%)	
			男	女
中国国民党革命委员会	15.2	5.9	61.1	38.9
中国民主同盟	33.1	14.9	55.1	44.9
中国民主建国会	21.0	7.5	64.6	35.4
中国民主促进会	18.3	9.2	49.8	50.2
中国农工民主党	18.4	9.4	48.7	51.3
中国致公党	6.3	2.9	54.9	45.1
九三学社	19.6	8.2	58.3	41.7
台湾民主自治同盟	0.3	0.2	50.0	50.0

表6.11 2020年各民主党派中央委员人数及性别构成

党派	人数（人）	#女	性别构成(%)	
			男	女
中国国民党革命委员会	221	66	70.1	29.9
中国民主同盟	282	69	75.5	24.5
中国民主建国会	215	56	74.0	26.0
中国民主促进会	199	56	71.9	28.1
中国农工民主党	214	50	76.6	23.4
中国致公党	116	32	72.4	27.6
九三学社	236	50	78.8	21.2
台湾民主自治同盟	69	26	62.3	37.7

表6.12 工会会员性别构成

单位:%

年 份	男	女
2011	62.3	37.7
2012	62.1	37.9
2013	62.2	37.8
2014	61.9	38.1
2015	61.8	38.2
2016	62.0	38.0
2017	61.7	38.3
2018	61.5	38.5
2019	61.2	38.8
2020	61.0	39.0
2021	61.0	39.0

资料来源:全国总工会。

表6.13 职工代表人数及性别构成

年 份	职工代表数(万人)	#女	性别构成(%)	
			男	女
2011	1638.9	505.4	69.2	30.8
2012	2198.3	654.0	70.2	29.8
2013	2284.3	662.0	71.0	29.0
2014	2386.0	698.4	70.7	29.3
2015	2317.3	676.3	70.8	29.2
2016	2304.2	681.2	70.4	29.6
2017	2354.6	716.1	69.6	30.4
2018	2120.8	640.5	69.8	30.2
2019	1891.5	591.3	68.7	31.3
2020	1685.6	543.4	67.8	32.2
2021	1449.0	476.4	67.1	32.9

资料来源:全国总工会。

表6.14 企业职工代表大会、企业职工董事、企业职工监事中女性比重

单位：%

年份	企业职工代表大会中女性代表比重	企业董事会中女职工董事占职工董事比重	企业监事会中女职工监事占职工监事比重
2011	29.2	31.6	35.6
2012	28.4	26.4	27.0
2013	27.7	29.1	29.2
2014	28.0	40.1	41.5
2015	28.3	38.4	38.9
2016	28.7	39.9	40.1
2017	29.3	39.7	41.6
2018	28.8	39.9	41.9
2019	29.7	33.4	36.4
2020	30.2	34.9	38.2
2021	30.6	37.6	40.5

资料来源：全国总工会。

表6.15 妇联组织和妇联工作人员数

年份	县级及以上		乡级和村级妇联组织（个）
	妇联组织（个）	工作人员（人）	
2018	3584	20952	681550
2019	3461	21241	678026
2020	3407	21289	659468
2021	3437	21420	640807

资料来源：全国妇联。

表6.16 社会组织职工中女性比重

单位：%

年 份	社会团体	基金会	民办非企业
2011	17.5	31.4	36.5
2012	22.3	30.7	37.8
2013	22.5	27.9	38.4
2014	21.8	26.6	38.6
2015	23.4	29.0	38.6
2016	23.0	29.5	38.7
2017	23.9	31.1	42.7
2018	21.9	17.1	43.2
2019	22.4	19.4	45.3
2020	22.5	23.5	46.7
2021	23.0	28.7	49.9

资料来源：民政部。

表6.17 社会组织负责人中女性比重

单位：%

年 份	社会团体	基金会	民办非企业
2011	13.8	22.2	32.8
2012	14.7	16.9	33.1
2013	16.4	19.5	33.4
2014	16.8	18.8	33.8
2015	18.4	22.8	33.0
2016	17.1	21.0	34.9
2017	18.5	23.9	35.5
2018	19.8	19.7	37.4
2019	17.3	16.8	37.3
2020	17.1	19.5	37.4
2021	15.5	26.8	38.7

资料来源：民政部。

表6.18 基层群众性自治组织中女性比重

单位：%

年份	居民委员会		村民委员会	
	成员	主任	成员	主任
2011	49.4	43.1	22.0	11.2
2012	48.8	41.4	22.1	11.7
2013	48.4	41.5	22.7	11.9
2014	48.4	41.0	22.8	12.3
2015	49.2	41.1	22.9	11.5
2016	48.7	39.6	22.5	10.5
2017	49.7	39.9	23.1	10.7
2018	50.4	39.9	24.0	11.1
2019	50.9	39.7	23.8	11.9
2020	52.1	39.0	24.2	9.8
2021	54.4	41.4	26.8	11.1

资料来源：民政部。

表6.19 村委会选举情况

年份	当年完成选举的村委会数（个）	经推举产生的村民代表数（万人）	性别构成(%)		
			#女	男	女
2017	151513	1218.4	267.1	78.1	21.9
2018	243042	1138.4	151.0	86.7	13.3
2019	71672	542.1	88.4	83.7	16.3
2020	49369	328.5	51.3	84.4	15.6
2021	367931	1753.9	315.4	82.0	18.0

资料来源：民政部。

七、科技

表7.1 中国两院院士人数及性别构成

学 部	人数(人)	#女	性别构成(%) 男	性别构成(%) 女
中国科学院院士	**859**	**57**	**93.36**	**6.64**
数学物理学部	159	7	95.60	4.40
化学部	137	10	92.70	7.30
生命科学和医学学部	156	19	87.82	12.18
地学部	142	6	95.77	4.23
信息技术科学部	106	8	92.45	7.55
技术科学部	159	7	95.60	4.40
中国工程院院士	**953**	**51**	**94.65**	**5.35**
机械与运载工程学部	134	3	97.76	2.24
信息与电子工程学部	137	5	96.35	3.65
化工、冶金与材料工程学部	117	6	94.87	5.13
能源与矿业工程学部	128	2	98.44	1.56
土木、水利与建筑工程学部	108	2	98.15	1.85
环境与轻纺工程学部	68	8	88.24	11.76
农业学部	89	3	96.63	3.37
医药卫生学部	130	17	86.92	13.08
工程管理学部	71	6	91.55	8.45

资料来源:国家统计局,《中国科技统计年鉴2022》。
注:1.工程管理学部71名院士中29人为跨学部院士,包括1位女院士。下同。
　2.本表数据不含外籍院士。
　3.中国科学院院士为截至2021年12月31日数据,中国工程院院士为截至2022年10月11日数据,下同。

图7.1 中国科学院女院士学部分布情况（％）

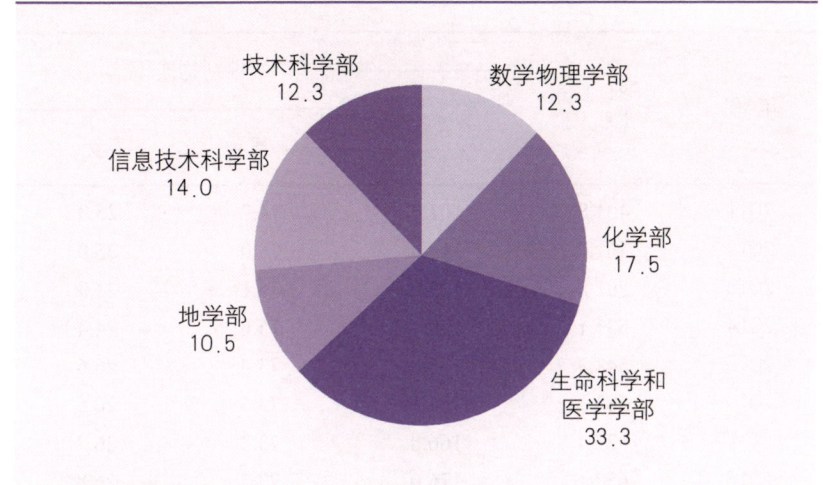

资料来源：国家统计局，《中国科技统计年鉴2022》。

图7.2 中国工程院女院士学部分布情况（％）

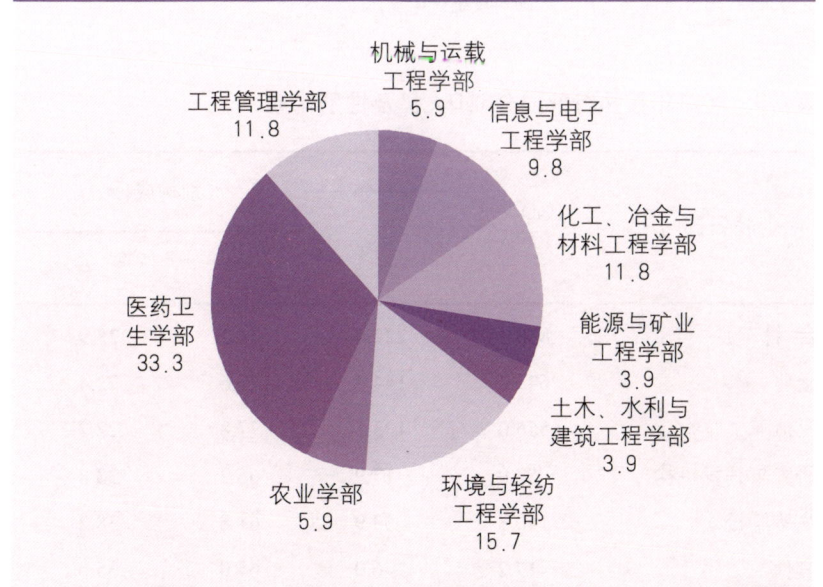

资料来源：国家统计局，《中国科技统计年鉴2022》。

表7.2 研究与试验发展(R&D)人员及性别构成

年份	R&D人员(万人)	#女	性别构成(%)	
			男	女
2011	401.8	101.7	74.7	25.3
2012	461.7	115.4	75.0	25.0
2013	501.8	125.0	75.1	24.9
2014	535.1	130.7	75.6	24.4
2015	548.3	145.6	73.4	26.6
2016	583.1	154.5	73.5	26.5
2017	621.4	166.0	73.3	26.7
2018	657.1	176.0	73.2	26.8
2019	712.9	185.4	74.0	26.0
2020	755.3	198.4	73.7	26.3
2021	858.1	222.4	74.1	25.9

资料来源:国家统计局,历年中国科技统计年鉴。

表7.3 2021年按执行部门分R&D人员及性别构成

执行部门	R&D人员(万人)	#女	性别构成(%)	
			男	女
合计	**858.1**	**222.4**	**74.1**	**25.9**
企业	647.2	144.7	77.6	22.4
#规上工业企业	556.0	123.5	77.8	22.2
研究与开发机构	52.9	17.9	66.2	33.8
高等学校	140.8	53.9	61.8	38.2
其他	17.2	6.0	65.0	35.0

资料来源:国家统计局,《中国科技统计年鉴2022》。

表7.4　2021年规模以上工业企业R&D人员及性别构成

组　别	R&D人员（人）	#女	性别构成(%)	
			男	女
合　计	**5559580**	**1234522**	**77.8**	**22.2**
按企业规模分				
#大型企业	1959900	421727	78.5	21.5
中型企业	1412321	328889	76.7	23.3
按地区分				
东部地区	3686182	833318	77.4	22.6
中部地区	1127812	236699	79.0	21.0
西部地区	596268	129156	78.3	21.7
东北地区	149318	35349	76.3	23.7
按登记注册类型分				
内资企业	4549593	989225	78.3	21.7
国有企业	62035	13249	78.6	21.4
集体企业	3597	814	77.4	22.6
股份合作企业	4418	978	77.9	22.1
联营企业	886	197	77.8	22.2
有限责任公司	1263771	254441	79.9	20.1
股份有限公司	605882	136341	77.5	22.5
私营企业	2604575	582372	77.6	22.4
其他企业	4429	833	81.2	18.8
港澳台商投资企业	**489602**	**119791**	**75.5**	**24.5**
外商投资企业	**520385**	**125506**	**75.9**	**24.1**

资料来源：国家统计局，《中国科技统计年鉴2022》。

表7.5　2021年规模以上工业企业按行业分R&D人员及性别构成

行　业	R&D人员(人)	#女	性别构成(%)	
			男	女
合　计	5559580	1234522	77.8	22.2
煤炭开采和洗选业	75066	3190	95.8	4.2
石油和天然气开采业	27232	8407	69.1	30.9
黑色金属矿采选业	7444	890	88.0	12.0
有色金属矿采选业	10872	1183	89.1	10.9
非金属矿采选业	9068	1567	82.7	17.3
农副食品加工业	102794	31265	69.6	30.4
食品制造业	80602	29754	63.1	36.9
酒、饮料和精制茶制造业	37255	10695	71.3	28.7
烟草制品业	6144	1634	73.4	26.6
纺织业	159697	58449	63.4	36.6
纺织服装、服饰业	69212	33821	51.1	48.9
皮革、毛皮、羽毛及其制品和制鞋业	57717	22127	61.7	38.3
木材加工和木、竹、藤、棕、草制品业	32936	7693	76.6	23.4
家具制造业	53705	13177	75.5	24.5
造纸和纸制品业	58102	12187	79.0	21.0
印刷和记录媒介复制业	43686	11557	73.5	26.5
文教、工美、体育和娱乐用品制造业	76187	23347	69.4	30.6
石油、煤炭及其他燃料加工业	39937	7164	82.1	17.9
化学原料和化学制品制造业	296383	69961	76.4	23.6
医药制造业	224586	103241	54.0	46.0
化学纤维制造业	39702	9837	75.2	24.8
橡胶和塑料制品业	203293	45666	77.5	22.5
非金属矿物制品业	260380	50764	80.5	19.5
黑色金属冶炼和压延加工业	145930	18189	87.5	12.5
有色金属冶炼和压延加工业	123094	18923	84.6	15.4

资料来源:国家统计局,《中国科技统计年鉴2022》。

表7.5 续

行 业	R&D人员（人）	#女	性别构成(%)	
			男	女
金属制品业	250950	43862	82.5	17.5
通用设备制造业	410933	66400	83.8	16.2
专用设备制造业	364242	63470	82.6	17.4
汽车制造业	376354	62892	83.3	16.7
铁路、船舶、航空航天和其他运输设备制造业	163886	35114	78.6	21.4
电气机械和器材制造业	532992	113081	78.8	21.2
计算机、通信和其他电子设备制造业	955266	209391	78.1	21.9
仪器仪表制造业	532992	113081	78.8	21.2
其他制造业	955266	209391	78.1	21.9
金属制品、机械和设备修理业	9190	1029	88.8	11.2
电力、热力生产和供应业	57884	8246	85.8	14.2
燃气生产和供应业	8304	1477	82.2	17.8
水的生产和供应业	8431	1956	76.8	23.2

表7.6 2021年研究与开发机构R&D人员及性别构成

组 别	R&D人员（人）	#女	性别构成(%)	
			男	女
合 计	**529118**	**178651**	**66.2**	**33.8**
按隶属关系分				
中央部门属	392196	124938	68.1	31.9
地方部门属	136922	53713	60.8	39.2
按门类科学分				
自然科学	105811	39399	62.8	37.2
农业科学	67881	26818	60.5	39.5
医药科学	33679	18574	44.8	55.2
工程与技术科学	303306	85090	71.9	28.1
人文与社会科学	18441	8770	52.4	47.6

资料来源：国家统计局，《中国科技统计年鉴2022》。

表7.7 2021年高等学校R&D人员及性别构成

组 别	R&D人员（人）	#女	性别构成(%)	
			男	女
合 计	1407976	538511	61.8	38.2
按地区分				
东部地区	702027	257837	63.3	36.7
中部地区	271486	107800	60.3	39.7
西部地区	303647	118708	60.9	39.1
东北地区	130816	54166	58.6	41.4
按学科类别分				
理工农医类	710516	193808	72.7	27.3
人文社科类	697460	344703	50.6	49.4

资料来源：国家统计局，《中国科技统计年鉴2022》。

表7.8 科协有关人员人数及性别构成

年 份	各级科协从业人员（万人）	#女	性别构成(%)	
			男	女
2011	3.9	1.4	64.1	35.9
2012	3.9	1.5	61.5	38.5
2013	3.9	1.5	61.5	38.5
2014	3.9	1.5	60.5	39.5
2015	3.9	1.6	59.4	40.6
2016	3.9	1.6	58.3	41.7
2017	4.0	1.7	57.2	42.8
2018	4.0	1.7	56.5	43.5
2019	3.4	1.6	53.3	46.7
2020	3.7	1.6	56.9	43.1
2021	4.1	1.8	56.2	43.8

资料来源：中国科协。

表7.8 续1

年 份	全国学会理事会理事(人)	#女	性别构成(%)	
			男	女
2011	31680	3739	88.2	11.8
2012	32791	4085	87.5	12.5
2013	33553	4268	87.3	12.7
2014	34146	4329	87.3	12.7
2015	34453	4626	86.6	13.4
2016	34702	4753	86.3	13.7
2017	34707	4915	85.8	14.2
2018	35498	4968	86.0	14.0
2019	36501	5234	85.7	14.3
2020	29997	4621	84.6	15.4
2021	30095	4763	84.2	15.8

表7.8 续2

年 份	全国学会在册个人会员数(万人)	#女	性别构成(%)	
			男	女
2011	427.8	95.5	77.7	22.3
2012	433.0	96.4	77.7	22.3
2013	437.0	98.4	77.5	22.5
2014	436.9	101.8	76.7	23.3
2015	491.6	103.7	78.9	21.1
2016	462.8	109.2	76.4	23.6
2017	453.7	111.0	75.5	24.5
2018	479.5	119.1	75.2	24.8
2019	523.1	161.3	69.2	30.8
2020	557.9	178.9	67.9	32.1
2021	621.5	184.8	70.3	29.7

表7.9　受表彰奖励科技人员及性别构成

年份	受表彰奖励人员（人）	#女	性别构成(%)	
			男	女
2011	117407	32167	72.6	27.4
2012	126152	36220	71.3	28.7
2013	125721	37306	70.3	29.7
2014	108211	33732	68.8	31.2
2015	126191	36638	71.0	29.0
2016	135262	40435	70.1	29.9
2017	115766	33638	70.9	29.1
2018	101463	30203	70.2	29.8
2019	91579	25070	72.6	27.4
2020	147265	40131	72.7	27.3
2021	159636	42048	73.7	26.3

资料来源：中国科协。

表7.10　青少年科技教育普及情况

项目	单位	2020年	2021年
举办青少年科技竞赛	次	5785	6136
参加人数[1]	万人次	2626	2916
举办青少年科技教育培训	次	35270	40845
参加人数	万人次	9900	6747
举办青少年高校科学营	次	957	781
参加人数	万人次	11	10

资料来源：中国科协。
注1：不完全统计数。

八、体　育

表8.1 2021年分技术等级在岗专职教练员人数及性别构成

等级	人数(人)	#女	性别构成(%)	
			男	女
合 计	25759	7418	71.2	28.8
国家级	748	202	73.0	27.0
高级	5563	1555	72.0	28.0
一级	9546	2792	70.8	29.2
二级	6779	2001	70.5	29.5
三级	1859	526	71.7	28.3
无等级	1264	342	72.9	27.1

资料来源:国家体育总局。

表8.2 2021年分技术等级运动员发展人数及性别构成

技术等级	人数(人)	#女	性别构成(%)	
			男	女
合 计	60650	22138	63.5	36.5
国际级运动健将	75	47	37.3	62.7
运动健将	2278	998	56.2	43.8
一级运动员	14848	6385	57.0	43.0
二级运动员	43449	14708	66.1	33.9

资料来源:国家体育总局。

表8.3　2020东京奥运会中国运动员获奖牌情况

项 目	奖牌总数（枚）	金牌	银牌	铜牌
合 计	88	38	32	18
男子	35	13	13	9
女子	47	22	16	9
混双	6	3	3	

资料来源：国家体育总局。
注：本表为第32届夏季奥运会数据。下同。

表8.4　2020东京奥运会中国运动员获奖牌人数

项 目	获奖牌人数（人次）	金牌	银牌	铜牌
合 计	137	56	49	32
男	52	19	20	13
女	85	37	29	19

资料来源：国家体育总局。

表8.5 中国参加历届奥运会获金牌数(夏奥会)

届别及举办年份	举办地	获金牌数(枚)	男	女	混双
第二十三届(1984)	美国洛杉矶	15	10	5	
第二十四届(1988)	南朝鲜汉城	5	2	3	
第二十五届(1992)	西班牙巴塞罗那	16	4	12	
第二十六届(1996)	美国亚特兰大	16	7	9	
第二十七届(2000)	澳大利亚悉尼	28	11	16	1
第二十八届(2004)	希腊雅典	32	12	19	1
第二十九届(2008)	中国北京	51	24	27	
第三十届(2012)	英国伦敦	38	17	20	1
第三十一届(2016)	巴西里约热内卢	26	12	14	
第三十二届(2021)	日本东京	38	13	22	3

资料来源:国家体育总局。

表8.6 中国参加历届奥运会获金牌人数(夏奥会)

届别及举办年份	举办地	获金牌人数(人次)	男	女
第二十三届(1984)	美国洛杉矶	26	10	16
第二十四届(1988)	南朝鲜汉城	6	3	3
第二十五届(1992)	西班牙巴塞罗那	18	5	13
第二十六届(1996)	美国亚特兰大	19	8	11
第二十七届(2000)	澳大利亚悉尼	39	19	20
第二十八届(2004)	希腊雅典	52	16	36
第二十九届(2008)	中国北京	74	34	40
第三十届(2012)	英国伦敦	56	27	29
第三十一届(2016)	巴西里约热内卢	46	16	30
第三十二届(2021)	日本东京	56	19	37

资料来源:国家体育总局。

表8.7　2021年中国运动员获世界冠军人数及性别构成

序号	大项	获冠军(个)	人数(人次)	#女	性别构成(%)	
					男	女
	合计	67	121	81	33.1	66.9
1	游泳	16	25	20	20.0	80.0
2	田径	2	2	2		100.0
3	羽毛球	5	32	23	28.1	71.9
4	皮划艇	1	2	2		100.0
5	自行车	1	2	2		100.0
6	击剑	1	1	1		100.0
7	体操	11	12	5	58.3	41.7
8	赛艇	1	4	4		100.0
9	帆船(帆板)	1	1	1		100.0
10	射击	6	8	3	62.5	37.5
11	乒乓球	8	14	8	42.9	57.1
12	举重	7	7	3	57.1	42.9
13	滑雪	2	2	2		100.0
14	潜水	5	9	5	44.4	55.6

资料来源:国家体育总局。

表8.8　2021年中国运动员创世界纪录人数及性别构成

大项	创世界记录(项)	人数(人次)	#女	性别构成(%)	
				男	女
合计	12	23	14	39.1	60.9
游泳	1	6	6		100.0
田径	1	1	1		100.0
自行车	1	2	2		100.0
射击	2	3	1	66.7	33.3
举重	6	6	2	66.7	33.3
潜水	1	5	2	60.0	40.0

资料来源:国家体育总局。

表8.9 2021年全国体育场地统计主要数据

指标	单位	数量	比上年增长（%）
综合指标			
体育场地数量	万个	397.14	12.05
体育场地面积	亿平方米	34.11	16.94
人均场地面积	平方米	2.41	15.87
基础大项场地			
田径场地	万个	18.92	
#设有400米环形跑道	万个	3.78	
田径场地面积	亿平方米	10.01	
游泳场地	万个	3.25	
室外游泳池	万个	1.80	
室内游泳馆	万个	1.39	
天然游泳场	个	619	
游泳场地面积	亿平方米	0.74	
冰雪运动场地			
冰雪运动场地	个	2261	
滑冰场地	个	1450	
滑雪场地	个	811	
冰雪场地面积	亿平方米	0.77	
体育健身场地			
全民健身路径	万个	92.93	
健身房	万个	12.89	
健身房场地面积	亿平方米	0.59	
健身步道	万个	10.59	
健身步道长度	万公里	26.34	
健身步道场地面积	亿平方米	7.47	

资料来源：国家体育总局，2021年全国体育场地统计调查数据。

表8.9 续

指　标	单位	数量
球类运动场地		
足球场地	万个	12.65
#十一人制	万个	2.90
足球场地面积	亿平方米	3.45
篮球场地	万个	105.36
室外篮球场	万个	96.02
室外三人篮球场	万个	6.60
室内篮球馆	万个	2.74
篮球场地面积	亿平方米	6.22
排球场地	万个	9.68
室外排球场	万个	9.32
室内排球馆	万个	0.36
排球场地面积	亿平方米	0.31
乒乓球场地	万个	88.48
室外乒乓球场	万个	78.31
室内乒乓球馆	万个	10.17
乒乓球场地面积	亿平方米	0.54
羽毛球场地	万个	22.59
室外羽毛球场	万个	19.32
室内羽毛球馆	万个	3.27
羽毛球场地面积	亿平方米	0.44

表8.10 体育系统少儿体育运动学校数(业余体校)

单位:个

年份	合计	省级	地级	县级
2011	1552	21	393	1138
2012	1510	22	384	1104
2013	1460	21	310	1129
2014	1463	26	312	1125
2015	1435	19	310	1106
2016	1428	15	309	1104
2017	1435	20	319	1095
2018	1403	6	325	1072
2019	1348	6	314	1028
2020	1313	6	298	1009
2021	1238	4	287	947

资料来源:国家体育总局。

表8.11 体育系统体育场馆数

单位:个

年份	合计	国家级	省级	地级	县级
2011	699	1	52	437	209
2012	688	1	50	434	203
2013	676	1	57	387	231
2014	683	1	62	371	249
2015	689	1	57	377	254
2016	694	1	61	382	250
2017	683	1	62	381	239
2018	661	1	58	373	229
2019	637	1	54	360	222
2020	593	1	47	333	212
2021	528	1	42	295	190

资料来源:国家体育总局。

九、法律保护

表9.1 全国法官及高级法官性别构成

单位：%

年份	法官		高级法官	
	男	女	男	女
2011	73.5	26.5	67.2	32.8
2012	72.4	27.6	66.4	33.6
2013	71.2	28.8	65.5	34.5
2014	69.5	30.5	64.9	35.1
2015	68.6	31.4	63.5	36.5
2016	66.2	33.8	62.1	37.9
2017	67.3	32.7	63.2	36.8
2018	66.3	33.7	62.4	37.6
2019	65.3	34.7	63.0	37.0
2020	64.5	35.5	59.9	40.1
2021	63.3	36.7	59.2	40.8

资料来源：最高人民法院。

表9.2 全国陪审员人数及性别构成

年份	人数（人）	#女	性别构成(%)	
			男	女
2012	83000	29000	65.1	34.9
2013	127096	43522	65.8	34.2
2014	209548	74667	64.4	35.6
2015	220093	79535	63.9	36.1
2016	222156	80467	63.8	36.2
2017	212466	87182	59.0	41.0
2018	250629	102936	58.9	41.1
2019	335999	139107	58.6	41.4
2020	316112	144583	54.3	45.7
2021	332346	153049	53.9	46.1

资料来源：最高人民法院。

表9.3 全国律师人数及性别构成

年份	人数（万人）	#女	性别构成(%)	
			男	女
2010	19.5	4.7	75.9	24.1
2011	21.5	5.2	75.8	24.2
2012	23.2	6.2	73.3	26.7
2013	24.9	6.9	72.3	27.7
2014	27.1	7.9	70.8	29.2
2015	29.7	9.1	69.4	30.6
2016	32.6	10.6	67.5	32.5
2017	35.7	11.9	66.7	33.3
2018	42.4	15.3	63.9	36.1
2019	47.3	17.6	62.8	37.2
2020	52.3	20.0	61.7	38.3
2021	57.4	20.9	63.6	36.4

资料来源：司法部。

表9.4 全国公证员人数及性别构成

年份	人数（人）	#女	性别构成(%)	
			男	女
2017	13231	6500	50.9	49.1
2018	13335	6612	50.4	49.6
2019	13428	6757	49.7	50.3
2020	13620	7163	47.4	52.6
2021	14600	7802	46.6	53.4

资料来源：司法部。

表9.5　公安机关破获各种侵害妇女儿童案件数

单位:起

年份	破获强奸案件数	破获拐卖妇女案件数	破获拐卖儿童案件数	破获组织、强迫、引诱、容留、介绍妇女卖淫案件数
2010	25952	2439	1895	13280
2011	25699	2757	2077	12272
2012	26560	4598	3152	11616
2013	25852	4537	2237	11997
2014	25326	1775	1460	12498
2015	22431	637	756	10180
2016	21091	493	618	10549
2017	21604	661	546	11162
2018	23724	434	606	14797
2019	27657	320	413	16950
2020	28738	230	334	14746
2021	34983	251	348	14542

资料来源:公安部。

图9.1　2019—2021年公安机关解救被拐卖妇女儿童数

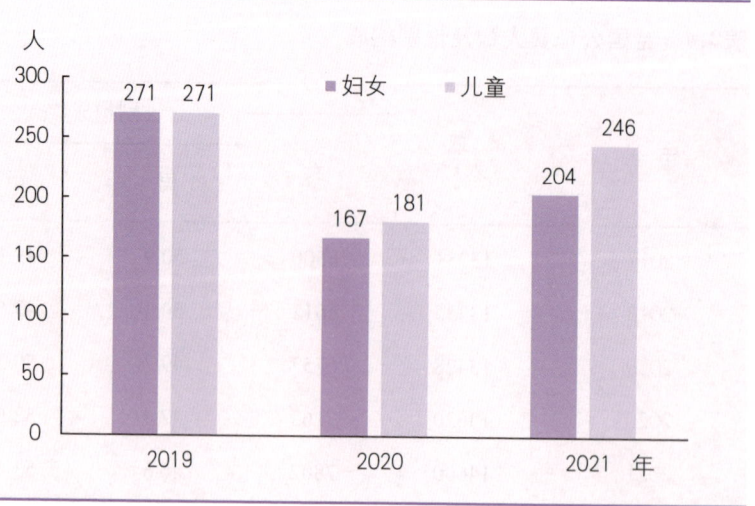

资料来源:公安部。

表9.6 强奸案件、拐卖妇女儿童案件立案数

年份	强奸案件		拐卖妇女儿童案件	
	立案数（起）	占刑事案件比重（%）	立案数（起）	占刑事案件比重（%）
2010	33696	0.56	10082	0.17
2011	33336	0.56	13964	0.23
2012	33835	0.52	18532	0.28
2013	34102	0.52	20735	0.31
2014	33417	0.51	16483	0.25
2015	29948	0.42	9150	0.13
2016	27767	0.43	7121	0.11
2017	27664	0.50	6668	0.12
2018	29807	0.59	5397	0.11
2019	33827	0.70	4571	0.10
2020	33579	0.70	3035	0.06
2021	39577	0.79	2860	0.06

资料来源:公安部。

表9.7 刑事犯罪受害人性别构成及14岁以下儿童所占比重

单位:%

年份	刑事犯罪受害人性别构成		刑事犯罪受害人中14岁以下儿童所占比重
	男	女	
2010	66.7	33.3	0.7
2011	65.7	34.3	0.7
2012	65.2	34.8	0.5
2013	64.2	35.8	0.5
2014	63.7	36.3	0.4
2015	63.2	36.8	0.3
2016	62.9	37.1	0.3
2017	63.2	36.8	0.4
2018	64.1	35.9	0.5
2019	61.9	38.1	0.5
2020	61.6	38.4	0.7
2021	61.0	39.0	0.8

资料来源:公安部。

表9.8 人民检察院审查批捕、起诉未成年人犯罪案件情况

单位：%

年份	不捕未成年犯罪嫌疑人比重	批捕未成年犯罪嫌疑人比重	不起诉未成年犯罪被告人比重	起诉未成年犯罪被告人比重
2010	9.1	7.5		7.0
2011	9.1	7.0	8.6	6.6
2012	9.0	6.4	8.9	5.7
2013	8.5	5.6	8.8	5.6
2014	7.0	4.7	9.9	4.8
2015	6.2	4.0	9.2	3.9
2016	5.6	3.5	6.4	3.3
2017	5.3	2.6	11.9	2.6
2018	5.1	2.8	8.9	2.4
2019	5.3	2.9	4.4	2.4
2020	6.3	3.0	4.1	2.1
2021	7.2	3.1	6.5	2.0

资料来源：最高人民检察院。

图9.2 青少年(14—25岁)作案成员占全部作案人员的比重

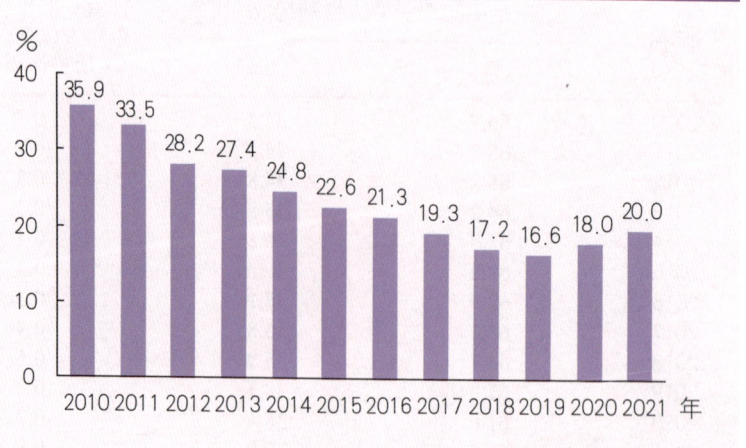

资料来源：公安部。

表9.9 人民检察院批准逮捕刑事犯罪嫌疑人人数及性别构成

年 份	人数 (人)	#女	性别构成(%)	
			男	女
2015	873111	70534	91.9	8.1
2016	828618	64244	92.2	7.8
2017	1069736	91772	91.4	8.6
2018	1051101	97793	90.7	9.3
2019	1088490	111181	89.8	10.2
2020	770561	74703	90.3	9.7
2021	868445	82418	90.5	9.5

资料来源:最高人民检察院。

表9.10 人民检察院办理涉未成年犯罪嫌疑人、被告人人数

单位:人

年 份	批准逮捕侵害未成年人犯罪嫌疑人	#侵害农村留守儿童犯罪嫌疑人	决定起诉侵害未成年人犯罪被告人	#侵害农村留守儿童犯罪被告人
2018	40005	2259	50705	2808
2019	47563	2072	62948	2591
2020	38854	1845	57295	2521
2021	45827	2052	60561	2599

资料来源:最高人民检察院。

表9.11 2020-2021年人民检察院提起公诉刑事犯罪被告人数及性别构成

年 份	人数（人）	#女	性别构成(%)	
			男	女
2020	1572971	167067	89.4	10.6
2021	1748962	185678	89.4	10.6

资料来源：最高人民检察院。

表9.12 少年法庭数及各级人民法院判决生效的刑事案件中青少年罪犯所占比重

单位：%

年 份	少年法庭数（个）	青少年罪犯占刑事罪犯比重	不满18岁	18-不满25岁
2010	2219	28.6	6.8	21.8
2011	2331	26.9	6.4	20.5
2012	2331	24.1	5.4	18.7
2013	2253	22.9	4.8	18.1
2014	2253	21.1	4.3	16.8
2015	2253	19.2	3.6	15.6
2016	2253	16.8	2.9	13.9
2017	2253	14.5	2.6	11.9
2018	1691	17.0	2.4	14.6
2019	368	17.0	2.6	14.4
2020	368	16.1	2.2	13.8
2021	2181	16.5	2.0	14.5

资料来源：最高人民法院。
注：少年法庭数量为不定期统计，2018-2020年因机构整合数量减少。2021年数据包括加挂少年法庭牌子的派出法庭。

图9.3 各级人民法院判决生效的刑事案件中女性罪犯所占比重

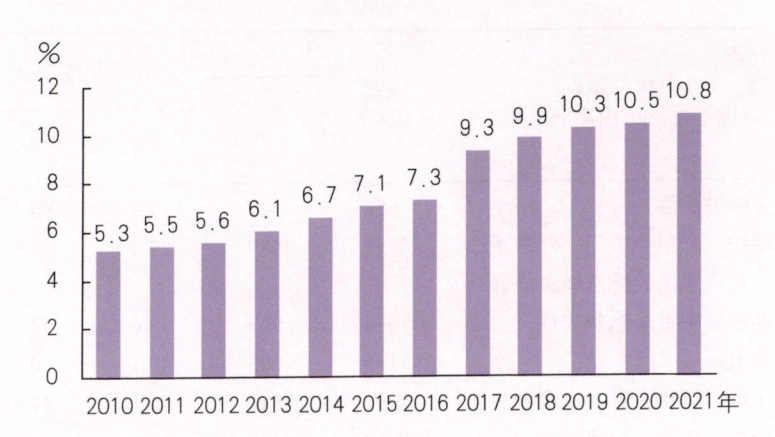

资料来源：最高人民法院。

表9.13 2021年人民法院审理未成年人刑事案件人数及性别构成

犯罪类别	人数（人）	#女	性别构成(%)	
			男	女
合计	34616	2612	92.5	7.5
危害公共安全罪	1423	45	96.8	3.2
破坏社会主义市场经济秩序罪	321	60	81.3	18.7
侵犯公民人身权利民主权利罪	8663	563	93.5	6.5
侵犯财产罪	12851	939	92.7	7.3
妨害社会管理秩序罪	11346	1002	91.2	8.8
危害国防利益罪	4		100.0	
贪污贿赂罪	1		100.0	
其他	7	3	57.1	42.9

资料来源：最高人民法院。
注：本表未成年指作案时不满18岁。

表9.14 2021年全国法院判处女性犯罪人数及性别构成

犯罪类别 （按女性占比由高到低排列）	人数 （人）	#女	性别构成(%)	
			男	女
传播性病罪	658	527	19.9	80.1
组织、利用会道门、邪教组织、利用迷信破坏法律实施罪	4794	3489	27.2	72.8
非法种植毒品原植物罪	1544	963	37.6	62.4
重婚罪	1185	603	49.1	50.9
生产、销售有毒、有害食品罪	5991	2870	52.1	47.9
组织、领导传销活动罪	8963	3960	55.8	44.2
非法吸收公众存款罪	22779	9306	59.1	40.9
拐卖妇女、儿童罪	933	357	61.7	38.3
引诱、容留、介绍卖淫罪	18566	6959	62.5	37.5
生产、销售、提供假药罪	762	272	64.3	35.7
非法利用信息网络罪	1864	592	68.2	31.8
制作、复制、出版、贩卖、传播淫秽物品牟利罪	2718	830	69.5	30.5
窝藏、包庇罪	2605	644	75.3	24.7
协助组织卖淫罪	9062	2190	75.8	24.2
销售假冒注册商标的商品罪	4886	1161	76.2	23.8
组织卖淫罪	9503	2225	76.6	23.4
袭警罪	4566	1035	77.3	22.7
集资诈骗罪	2433	547	77.5	22.5
侵犯公民个人信息罪	8082	1778	78.0	22.0
生产、销售不符合安全标准的食品罪	2734	599	78.1	21.9
失火罪	1990	434	78.2	21.8
挪用资金罪	1906	409	78.5	21.5
诈骗罪	122627	26305	78.5	21.5

资料来源：最高人民法院。

表9.14 续表

犯罪类别 (按女性占比由高到低排列)	人数 (人)	#女	性别构成(%)	
			男	女
虚开发票罪	1313	273	79.2	20.8
虚开增值税专用发票、用于骗取出口退税、抵扣税款发票罪	7547	1538	79.6	20.4
妨害公务罪	12351	2485	79.9	20.1
开设赌场罪	78203	15629	80.0	20.0
赌博罪	13194	2613	80.2	19.8
假冒注册商标罪	5514	1052	80.9	19.1
拒不执行判决、裁定罪	3495	658	81.2	18.8
信用卡诈骗罪	1975	354	82.1	17.9
组织他人偷越国(边)境罪	1793	319	82.2	17.8
伪造公司、企业、事业单位、人民团体印章罪	1778	299	83.2	16.8
非法经营罪	20171	3321	83.5	16.5
非法持有毒品罪	2141	345	83.9	16.1
伪造、变造、买卖国家机关公文、证件、印章罪	15428	2408	84.4	15.6
放火罪	2115	330	84.4	15.6
职务侵占罪	7226	1114	84.6	15.4
聚众扰乱社会秩序罪	3107	477	84.6	15.4
偷越国(边)境罪	20056	3015	85.0	15.0
走私、贩卖、运输、制造毒品罪	63366	9140	85.6	14.4
贪污罪	4000	546	86.3	13.7
生产、销售伪劣产品罪	4954	644	87.0	13.0
走私普通货物、物品罪	3722	481	87.1	12.9
串通投标罪	2259	281	87.6	12.4
容留他人吸毒罪	13078	1621	87.6	12.4
合同诈骗罪	9034	1101	87.8	12.2
故意杀人罪	8782	939	89.3	10.7
掩饰、隐瞒犯罪所得、犯罪所得收益罪	32381	3427	89.4	10.6

表9.15 法律援助机构数及获得法律援助的受援人数

年份	法律援助机构数（个）	受援人数（万人次）	#女	#未成年人
2010	3592	82.1	19.6	8.8
2011	3672	94.7	22.3	8.9
2012	3693	114.6	27.3	9.8
2013	3680	127.9	31.8	15.4
2014	3737	138.8	35.2	15.5
2015	3739	146.9	35.9	14.6
2016	3758	143.3	36.7	13.6
2017	4292	139.5	36.1	14.5
2018	3389	151.9	36.1	13.6
2019	2828	198.9	35.2	13.8
2020	2651	216.2	34.1	12.0
2021	2629	166.8	32.9	14.8

资料来源：司法部。
注：获得法律援助的女性指14周岁及以上的女性。下同。

图9.4 县级以上妇联组织受理妇女儿童投诉件次数

资料来源：全国妇联。

十、生活和社会环境

表10.1 森林资源情况

	单位	2000年	2005年	2017年	2018年
森林面积	万公顷	15894.09	19545.22	20768.73	22044.62
#人工林	万公顷	4708.95	6168.84	6933.38	8003.10
森林蓄积量	亿立方米	112.67	137.21	151.37	175.60
森林覆盖率	%	16.55	20.36	21.63	22.96

资料来源:国家统计局,历年中国统计年鉴。
注:2000年数据为第六次全国森林资源清查(1999—2003)结果。
　　2005年数据为第七次全国森林资源清查(2004—2008)结果。
　　2017年数据为第八次全国森林资源清查(2009—2013)结果。
　　2018年数据为第九次全国森林资源清查(2014—2018)结果。

表10.2 人均水资源量及人均用水量

单位:立方米

年份	人均水资源量	人均用水量
2010	2310.4	450.2
2011	1729.1	454.1
2012	2180.5	452.8
2013	2050.8	453.6
2014	1987.6	444.3
2015	2026.5	442.3
2016	2339.4	435.2
2017	2059.9	432.8
2018	1957.7	428.8
2019	2062.9	427.7
2020	2239.8	411.9
2021	2098.5	419.2

资料来源:国家统计局,《中国统计年鉴2022》。
注:根据2020年第七次全国人口普查资料,历史数据有调整。

表10.3 城市环境情况

单位:%

年份	建成区绿化覆盖率	城市供水普及率	城市污水处理率	城市燃气普及率	生活垃圾无害化处理率	人均公园绿地面积(平方米)
2010	38.6	96.7	82.3	92.0	77.9	11.2
2011	39.2	97.0	83.6	92.4	79.7	11.8
2012	39.6	97.2	87.3	93.2	84.8	12.3
2013	39.7	97.6	89.3	94.3	89.3	12.6
2014	40.2	97.6	90.2	94.6	91.8	13.1
2015	40.1	98.1	91.9	95.3	94.1	13.4
2016	40.3	98.4	93.4	95.8	96.6	13.7
2017	40.9	98.3	94.5	96.3	97.7	14.0
2018	41.1	98.4	95.5	96.7	99.0	14.1
2019	41.5	98.8	96.8	97.3	99.2	14.4
2020	42.1	99.0	97.5	97.9	99.7	14.8
2021	42.4	99.4	97.9	98.0	99.9	14.9

资料来源:国家统计局,历年中国统计年鉴。

图10.1 农村集中式供水受益人口比重

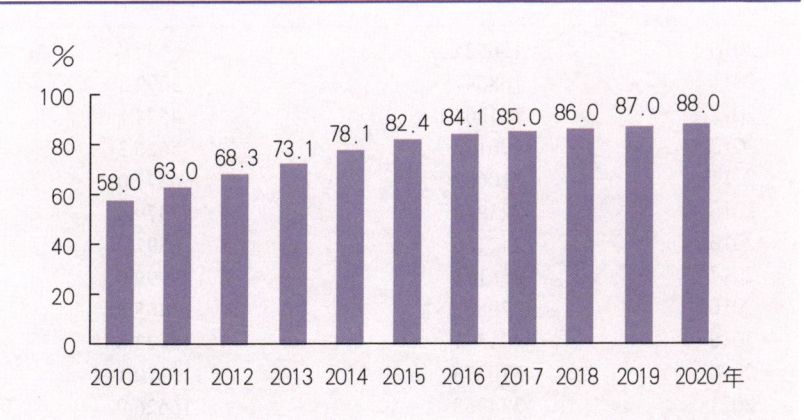

资料来源:水利部。

表10.4　全国少儿图书馆、博物馆基本情况

年份	少儿图书馆		博物馆	
	数量（个）	总藏量（万册）	数量（个）	未成年人参观人次（万人次）
2010	97	2159.2	2435	11441.3
2011	94	2321.1	2650	12494.0
2012	99	3217.4	3069	15543.2
2013	105	3165.0	3473	18206.2
2014	108	3392.3	3658	20211.9
2015	113	3698.2	3852	21927.3
2016	122	4230.9	4109	23557.8
2017	122	4368.5	4721	26192.3
2018	123	4635.1	4918	26965.6
2019	128	4999.8	5132	28652.9
2020	147	6676.8	5452	12216.7
2021	143	5491.3	5772	18122.2

资料来源：文化和旅游部。
注：少儿图书馆指县（区、市）以上的少儿图书馆。

表10.5　公共图书馆中少儿阅览室坐席数及少儿文献数

年份	少儿阅览室坐席数（个）	少儿文献数（万册）
2010	156524	
2011	168647	3099.3
2012	181264	4574.1
2013	196192	5626.3
2014	210662	6377.0
2015	223948	7370.6
2016	242156	8597.0
2017	256151	9999.6
2018	270865	11465.8
2019	291531	13123.8
2020	310373	15110.1
2021	334953	16626.9

资料来源：文化和旅游部。

表10.6 文化机构数及为未成年人组织活动专场数

年份	机构数（个）	文化馆	文化站	为未成年人组织专场数（次）
2012	43876	3301	40575	13926
2013	44260	3315	40945	15867
2014	44423	3313	41110	16630
2015	44291	3315	40976	18358
2016	44497	3322	41175	20468
2017	44521	3328	41193	22467
2018	44464	3326	41138	38481
2019	44073	3326	40747	24340
2020	43687	3321	40366	18584
2021	43531	3316	40215	22172

资料来源：文化和旅游部。

表10.7 全国少年儿童出版物情况

年份	儿童期刊 种类（种）	儿童期刊 数量（万册）	儿童图书 种类（种）	儿童图书 数量（万册/张）	儿童音像制品数量（万盒/张）
2010	98	23683	19794	35781	3780
2011	118	36454		37800	6051
2012	142	39432	30966	47823	4034
2013	144	40907	32400	45686	3149
2014	209	51983	32712	49693	1681
2015	209	54164	36633	55564	2010
2016	212	50692	43639	77789	2488
2017	211	44612	42441	82007	2600
2018	207	39719	44196	88858	2480
2019	206	37945	43712	94555	1698
2020	209	33466	42517	90432	1142
2021	208	35571	46322	96994	802

资料来源：国家新闻出版署。

表10.8　全国少年儿童课本出版情况

年份	种类 (种)	总印数 (万册)	总印张 (万印张)
2010	68145	335452	2703773
2011	78281	343991	2729430
2012	81271	347458	2707879
2013	87509	345002	2690298
2014	92370	349949	2739853
2015	90718	331931	2630870
2016	89001	327691	2625079
2017	86591	325612	2581812
2018	82862	348116	2745839
2019	87173	375190	2940492
2020	84809	379061	2932161
2021	90143	432063	3358750

资料来源:国家新闻出版署。

图10.2　全年生产动画影片

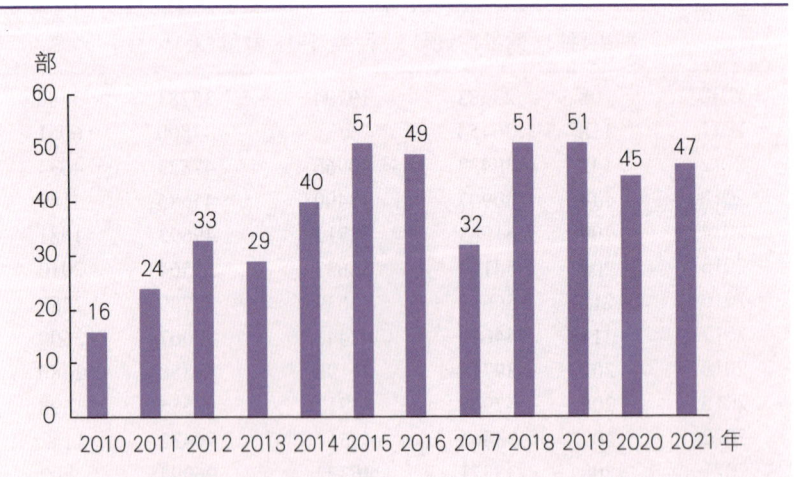

资料来源:国家电影局。

表10.9 全国广播、电视节目综合人口覆盖率

单位：%

年份	广播节目综合人口覆盖率	#农村	电视节目综合人口覆盖率	#农村
2010	96.8	95.6	97.6	96.8
2011	97.1	96.1	97.8	97.1
2012	97.5	96.6	98.2	97.6
2103	97.8	97.0	98.4	97.9
2014	98.0	97.3	98.6	98.1
2015	98.2	97.5	98.8	98.3
2016	98.4	97.8	98.9	98.5
2017	98.7	98.2	99.1	98.7
2018	98.9	98.6	99.3	99.0
2019	99.1	98.8	99.4	99.2
2020	99.4	99.2	99.6	99.4
2021	99.5	99.3	99.7	99.5

资料来源：国家广播电视总局。

表10.10 少儿广播电视节目播出时间

单位：时:分

年份	少儿广播	少儿电视	电视动画
2011	135768:53	375789:03	280254:37
2012	148525:22	397243:38	304877:17
2013	167613:55	417202:50	293139:57
2014	215763:06	486353:28	304838:35
2015	218063:51	463673:46	309060:10
2016	224816:51	483778:50	328864:19
2017	249777:12	571126:49	362824:48
2018	265774:28	573286:57	374484:46
2019	266377:26	574054:00	398685:20
2020	287504:46	631218:25	446113:05
2021	287550:49	626123:05	452407:38

资料来源：国家广播电视总局。

表10.11　妇女之家和儿童之家数

单位：个

年　份	妇女之家	儿童之家
2015	755053	181877
2016	732058	175802
2017	852734	185236
2018	739729	227157
2019	739465	288778
2020	725553	320584
2021	709966	329134

资料来源：全国妇联。

表10.12　各级表彰或揭晓的五好家庭、三八红旗手和"最美家庭"数

年　份	五好家庭（万个）	三八红旗手（万人）	最美家庭（万个）
2015	34.3	6.7	225.4
2016	34.4	6.5	200.5
2017	14.1	6.6	173.2
2018	11.9	6.9	180.5
2019	8.5	6.3	190.0
2020	6.7	7.1	190.1
2021	5.0	5.9	178.6

资料来源：全国妇联。

十一、分地区统计资料

表11.1　全国人口普查总人口

单位：万人

地 区	人口数			
	1990年	2000年	2010年	2020年
全　国	113368	126583	133972	141178
北　京	1082	1382	1961	2189
天　津	879	1001	1294	1387
河　北	6108	6744	7185	7461
山　西	2876	3297	3571	3492
内蒙古	2146	2376	2471	2405
辽　宁	3946	4238	4375	4259
吉　林	2466	2728	2746	2407
黑龙江	3521	3689	3831	3185
上　海	1334	1674	2302	2487
江　苏	6706	7438	7866	8475
浙　江	4145	4677	5443	6457
安　徽	5618	5986	5950	6103
福　建	3005	3471	3689	4154
江　西	3771	4140	4457	4519
山　东	8439	9079	9579	10153
河　南	8551	9256	9402	9937
湖　北	5397	6028	5724	5775
湖　南	6066	6440	6568	6644
广　东	6283	8642	10430	12601
广　西	4225	4489	4603	5013
海　南	656	787	867	1008
重　庆	2886	3090	2885	3205
四　川	7836	8329	8042	8367
贵　州	3239	3525	3475	3856
云　南	3697	4288	4597	4721
西　藏	220	262	300	365
陕　西	3288	3605	3733	3953
甘　肃	2237	2562	2558	2502
青　海	446	518	563	592
宁　夏	466	562	630	720
新　疆	1516	1925	2181	2585

资料来源：国家统计局，《2020年第七次全国人口普查主要数据》。
注：人口数均为当年人口普查时点数，全国人口包括了中国人民解放军现役军人，分地区数据中未包括。

表11.2　2021年人口数及性别构成

地区	样本人口数（人）	#女	性别构成(%) 男	性别构成(%) 女
全　国	**1494054**	**730212**	**51.1**	**48.9**
北　京	23185	11351	51.0	49.0
天　津	14541	7083	51.3	48.7
河　北	78885	39645	49.7	50.3
山　西	36863	18035	51.1	48.9
内蒙古	25418	12436	51.1	48.9
辽　宁	44797	22671	49.4	50.6
吉　林	25158	12560	50.1	49.9
黑龙江	33098	16514	50.1	49.9
上　海	26365	12691	51.9	48.1
江　苏	90085	44367	50.7	49.3
浙　江	69273	33074	52.3	47.7
安　徽	64744	31684	51.1	48.9
福　建	44352	21374	51.8	48.2
江　西	47847	23109	51.7	48.3
山　东	107712	53047	50.8	49.2
河　南	104679	52078	50.2	49.8
湖　北	61748	29934	51.5	48.5
湖　南	70141	34205	51.2	48.8
广　东	134340	63458	52.8	47.2
广　西	53347	25713	51.8	48.2
海　南	10800	5059	53.2	46.8
重　庆	34019	16814	50.6	49.4
四　川	88670	43889	50.5	49.5
贵　州	40798	19922	51.2	48.8
云　南	49677	24076	51.5	48.5
西　藏	3873	1844	52.4	47.6
陕　西	41876	20502	51.0	49.0
甘　肃	26368	12961	50.8	49.2
青　海	6289	3126	50.3	49.7
宁　夏	7678	3762	51.0	49.0
新　疆	27427	13231	51.8	48.2

资料来源:国家统计局,《中国统计年鉴2022》。
注：本表是2021年全国人口变动情况抽样调查样本数据,抽样比为1.058‰。下同。

表11.3 2021年分年龄人口数

单位：人

地区	样本人口数	0-14岁	15-64岁	65岁及以上
全国	**1494054**	**261376**	**1020258**	**212419**
北　京	23185	2807	17078	3300
天　津	14541	1929	10296	2315
河　北	78885	15162	51954	11769
山　西	36863	5862	25958	5043
内蒙古	25418	3489	18411	3518
辽　宁	44797	4825	31549	8424
吉　林	25158	2815	18137	4205
黑龙江	33098	3236	24309	5553
上　海	26365	2589	19177	4600
江　苏	90085	13228	61503	15354
浙　江	69273	9177	50281	9815
安　徽	64744	12074	42673	9997
福　建	44352	8380	30854	5117
江　西	47847	9996	31915	5936
山　东	107712	19835	70725	17152
河　南	104679	23236	66799	14644
湖　北	61748	9815	42409	9524
湖　南	70141	13231	46061	10849
广　东	134340	25167	96922	12252
广　西	53347	12226	34405	6716
海　南	10800	2115	7517	1168
重　庆	34019	5196	22783	6041
四　川	88670	13863	59217	15590
贵　州	40798	9596	26402	4799
云　南	49677	9560	34517	5601
西　藏	3873	958	2690	225
陕　西	41876	7180	28836	5861
甘　肃	26368	5052	17877	3439
青　海	6289	1299	4368	622
宁　夏	7678	1538	5369	772
新　疆	27427	5939	19271	2217

资料来源：国家统计局，《中国统计年鉴2022》。

表11.4　2020年人均预期寿命

单位：岁

地　区	合　计	男	女
全　国	**77.93**	**75.37**	**80.88**
北　京	82.49	80.43	84.62
天　津	81.30	79.32	83.40
河　北	77.75	75.20	80.52
山　西	77.91	75.64	80.47
内蒙古	77.56	74.98	80.45
辽　宁	78.68	75.96	81.54
吉　林	78.41	75.62	81.40
黑龙江	78.25	75.33	81.42
上　海	82.55	80.39	84.87
江　苏	79.32	77.02	81.83
浙　江	80.19	78.09	82.58
安　徽	77.96	75.52	80.72
福　建	78.49	75.81	81.55
江　西	77.64	75.08	80.52
山　东	79.18	76.46	82.11
河　南	77.60	74.59	80.84
湖　北	78.00	75.73	80.53
湖　南	77.88	75.36	80.75
广　东	79.31	76.75	82.22
广　西	78.06	74.64	81.98
海　南	79.05	75.83	82.84
重　庆	78.56	75.86	81.64
四　川	77.79	75.01	80.93
贵　州	75.20	72.09	78.71
云　南	74.02	70.98	77.55
西　藏	72.19	70.27	74.75
陕　西	77.80	75.59	80.24
甘　肃	75.64	73.64	77.85
青　海	73.96	71.72	76.43
宁　夏	76.58	74.89	78.40
新　疆	75.65	73.66	77.89

资料来源：国家统计局，2020年第七次全国人口普查。

表11.5　2021年平均家庭户规模及抚养比

地　区	平均家庭户规模（人/户）	总抚养比（%）	少儿抚养比	老年人口抚养比
全　国	**2.77**	**46.44**	**25.62**	**20.82**
北　京	2.43	35.76	16.44	19.33
天　津	2.44	41.23	18.74	22.49
河　北	2.84	51.84	29.18	22.65
山　西	2.65	42.01	22.58	19.43
内蒙古	2.49	38.06	18.95	19.11
辽　宁	2.37	41.99	15.29	26.70
吉　林	2.41	38.71	15.52	23.19
黑龙江	2.32	36.16	13.31	22.84
上　海	2.37	37.49	13.50	23.99
江　苏	2.73	46.47	21.51	24.96
浙　江	2.51	37.77	18.25	19.52
安　徽	2.67	51.72	28.29	23.43
福　建	2.87	43.75	27.16	16.59
江　西	3.12	49.92	31.32	18.60
山　东	2.67	52.30	28.05	24.25
河　南	2.99	56.71	34.79	21.92
湖　北	3.00	45.60	23.14	22.46
湖　南	2.95	52.28	28.73	23.55
广　东	2.86	38.61	25.97	12.64
广　西	3.12	55.06	35.54	19.52
海　南	3.40	43.67	28.13	15.54
重　庆	2.63	49.32	22.81	26.51
四　川	2.73	49.74	23.41	26.33
贵　州	3.03	54.53	36.35	18.18
云　南	3.09	43.92	27.70	16.23
西　藏	3.27	43.97	35.60	8.37
陕　西	2.69	45.22	24.90	20.33
甘　肃	3.00	47.49	28.26	19.24
青　海	3.00	43.98	29.75	14.24
宁　夏	2.78	43.02	28.65	14.37
新　疆	2.97	42.33	30.82	11.50

资料来源：国家统计局，《中国统计年鉴2022》。

表11.6 2021年居民人均可支配收入

单位：元

地 区	合 计	城镇	农村
全 国	**35128.1**	**47411.9**	**18930.9**
北 京	75002.2	81517.5	33302.7
天 津	47449.4	51485.7	27954.5
河 北	29383.0	39791.0	18178.9
山 西	27425.9	37433.1	15308.3
内蒙古	34108.4	44376.9	18336.8
辽 宁	35111.7	43050.8	19216.6
吉 林	27769.8	35645.8	17641.7
黑龙江	27159.0	33646.1	17889.3
上 海	78026.6	82428.9	38520.7
江 苏	47498.3	57743.5	26790.8
浙 江	57540.5	68486.8	35247.4
安 徽	30904.3	43008.7	18371.7
福 建	40659.3	51140.5	23228.9
江 西	30609.9	41684.4	18684.2
山 东	35705.1	47066.4	20793.9
河 南	26811.2	37094.8	17533.3
湖 北	30829.3	40277.8	18259.0
湖 南	31992.7	44866.1	18295.2
广 东	44993.3	54853.6	22306.0
广 西	26726.7	38529.9	16362.9
海 南	30456.8	40213.2	18076.3
重 庆	33802.6	43502.5	18099.6
四 川	29080.1	41443.8	17575.3
贵 州	23996.2	39211.2	12856.1
云 南	25666.2	40904.9	14197.3
西 藏	24949.9	46503.3	16932.3
陕 西	28568.0	40713.1	14744.8
甘 肃	22066.0	36187.3	11432.8
青 海	25919.5	37745.3	13604.2
宁 夏	27904.5	38290.7	15336.6
新 疆	26075.0	37642.4	15575.3

资料来源：国家统计局，《中国统计年鉴2022》。

表11.7 2021年孕产妇保健情况

单位：%

地区	住院分娩率	产前检查率	孕产妇系统管理率	孕产妇建卡率	产后访视率
全国	**99.9**	**97.6**	**92.9**	**94.2**	**96.0**
北京	100.0	98.4	97.9	93.2	98.2
天津	100.0	98.9	95.2	98.8	97.5
河北	100.0	97.4	91.4	92.8	94.0
山西	100.0	98.2	91.4	89.5	95.4
内蒙古	100.0	98.1	95.4	96.8	96.6
辽宁	100.0	98.3	92.9	89.9	96.3
吉林	100.0	98.4	96.2	97.4	98.5
黑龙江	100.0	98.7	94.2	95.4	97.1
上海	99.8	98.3	96.2	98.5	97.7
江苏	100.0	98.7	94.3	93.9	97.6
浙江	100.0	98.4	96.5	98.1	98.2
安徽	100.0	96.8	91.4	92.3	95.5
福建	100.0	98.2	92.7	94.2	95.8
江西	100.0	97.6	94.5	96.6	96.3
山东	100.0	97.0	94.5	96.7	95.5
河南	100.0	95.2	86.9	88.7	91.3
湖北	100.0	97.3	93.1	94.9	95.5
湖南	100.0	97.7	95.1	96.5	96.6
广东	100.0	98.1	94.4	94.6	96.9
广西	100.0	98.1	90.3	96.0	97.7
海南	100.0	98.5	92.3	95.4	97.9
重庆	100.0	98.4	93.4	97.0	95.7
四川	99.8	97.9	95.1	95.7	96.6
贵州	99.7	97.0	92.1	94.1	95.3
云南	99.9	98.7	91.1	92.4	97.2
西藏	98.6	86.6	75.1	78.2	86.5
陕西	99.9	98.6	96.5	97.8	97.2
甘肃	99.9	97.5	92.0	91.7	96.3
青海	99.8	97.2	92.5	86.9	94.8
宁夏	100.0	99.2	97.9	99.0	98.8
新疆	99.9	99.1	94.3	96.7	98.0

资料来源：国家卫生健康委。

表11.8 中小学生近视率

单位：%

地 区	2020年			2021年		
	小学生近视率	初中生近视率	高中生近视率	小学生近视率	初中生近视率	高中生近视率
全 国	**35.6**	**71.1**	**80.5**	**35.5**	**71.1**	**81.1**
北 京	37.5	76.8	83.6	38.7	77.4	83.5
天 津	36.8	75.1	83.1	35.7	73.5	82.0
河 北	40.6	74.0	84.1	39.4	72.9	83.0
山 西	46.2	79.4	86.6	45.8	78.8	83.7
内蒙古	42.5	74.5	82.7	42.3	75.2	82.9
辽 宁	37.9	70.5	79.7	38.8	71.5	79.3
吉 林	41.9	73.1	80.3	41.7	73.1	80.7
黑龙江	41.2	73.1	78.5	42.4	73.4	78.9
上 海	41.9	78.7	86.7	39.8	78.3	86.6
江 苏	42.4	82.4	89.4	43.2	82.7	89.8
浙 江	37.6	76.5	86.7	36.1	76.4	86.5
安 徽	35.9	73.7	83.6	36.0	73.7	83.7
福 建	36.4	71.3	82.4	37.1	72.8	82.5
江 西	27.9	64.5	76.7	28.4	64.7	78.9
山 东	39.4	78.0	83.3	39.5	77.1	86.5
河 南	37.6	72.7	82.4	38.4	75.1	83.8
湖 北	36.7	74.7	80.8	32.0	69.8	81.2
湖 南	26.3	65.9	77.1	28.3	66.4	81.1
广 东	34.5	72.2	82.0	34.6	72.6	82.1
广 西	34.5	66.6	78.0	32.0	64.7	78.3
海 南	24.3	55.5	67.2	21.9	51.0	68.2
重 庆	34.0	66.4	76.9	31.7	66.3	76.1
四 川	34.2	70.5	77.9	33.9	68.6	75.1
贵 州	23.0	53.1	72.3	25.7	59.3	75.0
云 南	31.0	63.6	76.3	31.7	63.2	76.3
西 藏	27.5	59.1	67.4	22.3	57.1	65.2
陕 西	38.1	73.3	83.9	37.9	74.7	84.0
甘 肃	42.7	75.8	84.8	40.3	75.6	84.4
青 海	31.4	63.3	71.3	32.0	62.2	74.8
宁 夏	32.7	63.3	82.9	32.1	62.7	81.5
新 疆	26.2	53.1	56.2	25.8	51.7	68.2

资料来源：国家疾控局。

表11.9　2021年儿童健康情况

单位：%

地　区	低出生体重发生率	新生儿访视率	5岁以下儿童低体重患病率	3岁以下儿童系统管理率	7岁以下儿童保健管理率
全　国	**3.70**	**96.2**	**1.21**	**92.8**	**94.6**
北　京	5.40	98.0	0.20	96.1	99.1
天　津	4.67	98.9	0.60	96.1	93.7
河　北	2.77	94.3	1.42	92.2	94.0
山　西	3.45	96.1	0.78	92.7	93.7
内蒙古	3.70	97.2	0.63	95.1	94.8
辽　宁	3.22	96.5	0.68	93.6	94.2
吉　林	3.71	97.2	0.30	94.2	95.6
黑龙江	2.77	97.7	0.70	94.5	95.3
上　海	5.50	97.7	0.28	97.3	99.6
江　苏	3.50	98.1	0.36	96.3	95.6
浙　江	4.48	99.0	0.53	97.1	98.0
安　徽	3.08	96.1	0.52	90.7	93.3
福　建	4.23	96.4	0.87	94.2	95.8
江　西	2.79	96.4	2.04	92.9	93.7
山　东	2.05	96.2	0.76	94.8	94.9
河　南	3.63	91.5	1.18	89.9	91.4
湖　北	3.24	95.5	1.11	91.6	94.1
湖　南	4.04	97.7	1.00	93.9	94.8
广　东	4.85	95.9	2.27	92.3	96.1
广　西	5.89	97.2	3.19	82.5	94.4
海　南	5.61	98.3	2.61	88.0	93.6
重　庆	2.89	96.6	0.78	91.7	93.9
四　川	3.20	96.8	1.11	95.5	95.7
贵　州	3.53	95.5	1.18	93.1	93.8
云　南	4.52	97.6	1.43	93.1	94.2
西　藏	2.53	89.8	2.12	84.8	84.2
陕　西	2.56	97.7	0.66	95.2	96.2
甘　肃	3.27	96.7	0.96	93.8	94.3
青　海	3.49	94.1	0.82	92.8	91.4
宁　夏	3.43	99.1	0.50	96.2	96.4
新　疆	4.73	96.9	0.82	96.2	95.9

资料来源：国家卫生健康委。

表11.10 孕前优生健康检查目标人群覆盖率

单位：%

地 区	2020年	2021年
全 国	**96.4**	**93.5**
北 京	108.4	106.5
天 津	105.9	96.7
河 北	94.8	93.7
山 西	101.0	101.6
内 蒙 古	103.6	94.5
辽 宁	98.3	97.4
吉 林	108.8	102.8
黑 龙 江	93.0	70.2
上 海	121.8	113.3
江 苏	102.0	100.0
浙 江	87.3	107.2
安 徽	90.7	94.2
福 建	133.9	94.7
江 西	100.0	97.5
山 东	103.5	99.3
河 南	99.2	88.1
湖 北	82.2	84.5
湖 南	101.0	102.2
广 东	100.5	101.5
广 西	90.6	102.5
海 南	88.9	84.5
重 庆	103.7	93.2
四 川	103.5	96.5
贵 州	98.0	93.7
云 南	85.0	85.6
西 藏	80.0	26.2
陕 西	91.4	95.1
甘 肃	80.3	41.7
青 海	100.4	91.1
宁 夏	84.0	105.2
新 疆	105.7	80.7

资料来源：国家卫生健康委。

表11.11 中小学生《国家学生体质健康标准》达到优良的比例

单位：%

地区	2020年	2021年
全 国	**56.8**	**53.8**
北 京	62.5	61.8
天 津	31.1	30.5
河 北	53.9	50.8
山 西	54.9	48.1
内蒙古	30.2	28.0
辽 宁	53.8	44.7
吉 林	42.4	33.9
黑龙江	41.2	36.2
上 海	53.0	52.1
江 苏	58.6	53.8
浙 江	65.9	65.8
安 徽	61.4	58.7
福 建	47.1	44.7
江 西	59.6	60.2
山 东	61.4	57.2
河 南	66.9	62.5
湖 北	62.8	60.0
湖 南	69.0	65.2
广 东	52.9	54.2
广 西	60.4	58.6
海 南	53.0	46.8
重 庆	53.1	50.4
四 川	52.9	51.3
贵 州	40.8	37.4
云 南	62.3	56.5
西 藏	45.6	42.4
陕 西	55.0	53.0
甘 肃	53.5	52.4
青 海	39.3	39.0
宁 夏	35.6	37.7
新 疆	53.0	45.2

资料来源：教育部。

表11.12　中小学配备专职心理健康教育教师学校比例

单位：%

地 区	2020年		2021年	
	小学	中学	小学	中学
全 国	**9.1**	**30.5**	**30.1**	**54.2**
北　京	22.4	59.3	42.4	72.9
天　津	8.2	28.3	48.3	70.5
河　北	2.0	13.8	24.8	48.9
山　西	5.7	27.0	29.9	51.9
内蒙古	21.3	43.1	52.4	71.1
辽　宁	24.7	42.7	26.1	44.9
吉　林	14.8	39.7	16.1	44.4
黑龙江	7.3	15.5	62.0	67.6
上　海	40.8	72.5	80.9	92.0
江　苏	29.8	51.8	37.5	56.9
浙　江	24.7	62.6	33.0	65.2
安　徽	4.2	17.3	52.4	68.0
福　建	15.3	42.4	38.5	63.3
江　西	10.6	31.3	7.0	19.8
山　东	11.0	35.2	34.0	57.9
河　南	7.6	32.0	6.2	31.3
湖　北	4.5	14.6	45.6	57.8
湖　南	3.1	11.7	30.3	50.6
广　东	21.0	55.1	60.0	79.6
广　西	5.1	32.1	26.1	58.1
海　南	7.0	28.9	16.9	40.8
重　庆	11.4	33.7	44.9	59.8
四　川	5.4	13.6	35.8	53.5
贵　州	2.0	18.7	25.7	48.0
云　南	1.1	17.6	10.2	33.5
西　藏	1.7	14.7	4.8	16.8
陕　西	5.0	15.4	24.0	42.9
甘　肃	6.1	26.0	50.5	65.6
青　海	5.2	25.7	26.9	52.0
宁　夏	1.9	21.0	6.5	38.4
新　疆	16.2	48.6	48.9	73.9

资料来源：教育部。

表11.13 中学开展预防艾滋病教育和性教育相关课程和活动的学校比例

单位：%

地　区	2020年	2021年
全　国	**90.1**	**94.4**
北　京	93.9	92.2
天　津	88.9	93.3
河　北	75.1	85.6
山　西	96.9	96.4
内蒙古	89.0	98.7
辽　宁	80.8	89.6
吉　林	95.2	95.5
黑龙江	86.9	87.5
上　海	96.5	97.6
江　苏	97.4	99.3
浙　江	98.8	98.8
安　徽	80.5	96.7
福　建	91.1	94.0
江　西	84.7	90.9
山　东	88.1	93.3
河　南	87.8	91.0
湖　北	91.8	93.2
湖　南	86.9	94.5
广　东	89.8	95.3
广　西	95.6	98.0
海　南	79.5	79.7
重　庆	94.3	97.7
四　川	99.4	99.4
贵　州	92.5	96.0
云　南	93.3	96.0
西　藏	81.1	95.8
陕　西	88.7	92.2
甘　肃	98.7	96.7
青　海	84.3	89.0
宁　夏	77.8	97.5
新　疆	95.1	98.0

资料来源：教育部。

表11.14 2021年各级教育生师比（教师人数＝1）

地区	小学阶段	初中阶段	普通高中	中等职业教育	高等教育
全国	**16.33**	**12.64**	**12.84**	**18.86**	**18.54**
北京	13.92	8.87	8.08	7.86	16.31
天津	15.26	11.21	11.14	14.64	18.81
河北	16.59	13.39	13.18	16.99	17.91
山西	13.56	10.28	10.50	12.68	21.78
内蒙古	13.09	10.57	10.46	12.43	17.86
辽宁	14.03	9.94	11.34	13.75	20.48
吉林	11.03	8.99	13.10	9.79	19.91
黑龙江	11.60	9.77	13.01	13.88	17.65
上海	14.10	10.80	9.00	13.53	15.48
江苏	16.31	11.85	11.07	14.08	16.80
浙江	16.80	12.24	10.97	14.62	16.02
安徽	17.42	13.50	13.48	24.11	19.84
福建	17.79	13.54	12.76	20.08	17.82
江西	16.14	14.33	16.06	27.07	18.47
山东	16.14	12.28	11.72	15.66	17.70
河南	16.70	13.66	14.46	22.87	18.47
湖北	17.47	12.58	13.13	19.77	18.93
湖南	17.04	13.16	14.24	19.93	18.73
广东	18.22	13.62	12.76	20.09	18.97
广西	17.60	14.61	15.82	32.17	20.42
海南	15.35	13.35	12.76	32.85	18.08
重庆	15.24	13.20	15.12	20.48	18.24
四川	15.71	12.49	13.48	21.27	19.87
贵州	18.63	13.87	13.69	23.07	20.04
云南	16.30	13.20	13.54	25.48	21.45
西藏	14.40	11.55	12.04	13.14	17.63
陕西	16.02	11.55	11.42	17.14	19.19
甘肃	13.31	10.75	10.88	15.00	19.55
青海	17.26	13.09	12.26	37.94	16.47
宁夏	17.25	13.60	13.86	21.97	17.74
新疆	17.24	12.45	12.27	19.91	20.52

资料来源：教育部。

表 11.15 2021年每十万人口各级教育平均在校生数

单位：人

地区	学前教育	小学阶段	初中阶段	高中阶段	高等教育
全国	3403	7634	3554	2774	3301
北京	2589	4735	1597	1024	5313
天津	2278	5421	2458	1953	5153
河北	3310	9169	4139	3429	2926
山西	2893	6671	3131	2880	3112
内蒙古	2514	5861	2770	2454	2351
辽宁	2049	4638	2335	2062	3742
吉林	1749	4798	2506	2423	4550
黑龙江	1541	3700	2632	2367	3448
上海	2251	3588	2000	1139	3691
江苏	2979	6909	3113	2233	3531
浙江	3105	5928	2572	2162	2632
安徽	3506	7678	3765	3138	3089
福建	4020	8481	3668	2583	3023
江西	3581	8758	4789	3712	4001
山东	3830	7435	3818	2622	3429
河南	4018	10179	4820	3578	3424
湖北	3108	6670	3085	2413	3914
湖南	3452	7977	3874	3161	3487
广东	3964	8547	3400	2306	2922
广西	4533	10280	4580	3792	3432
海南	3871	8596	3876	3112	2839
重庆	3101	6329	3528	3129	3605
四川	3127	6558	3343	2760	2925
贵州	4291	10273	4665	3533	2593
云南	3748	8158	3886	3318	2871
西藏	4274	9989	3964	2976	1634
陕西	3473	7494	3046	2395	4279
甘肃	3879	8097	3538	2868	2999
青海	3845	8730	3747	3719	1613
宁夏	3626	8373	3980	3380	2749
新疆	4305	11328	4312	2906	2526

资料来源：教育部。
注：1.高中阶段在校生数不含人社部管理的技工学校。
    2.高等教育在校生数包括研究生、普通本科、职业本专科、成人本专科，不含网络本专科生。

表11.16　2021年分地区特殊教育在校生数及性别构成

地区	人数（人）	#女	性别构成(%) 男	性别构成(%) 女
全　国	**919767**	**336940**	**63.4**	**36.6**
北　京	7808	2618	66.5	33.5
天　津	4734	1650	65.1	34.9
河　北	40990	15223	62.9	37.1
山　西	21073	8313	60.6	39.4
内蒙古	14339	5533	61.4	38.6
辽　宁	16242	5690	65.0	35.0
吉　林	12977	4597	64.6	35.4
黑龙江	15764	5659	64.1	35.9
上　海	9044	3174	64.9	35.1
江　苏	41085	14034	65.8	34.2
浙　江	23493	8301	64.7	35.3
安　徽	41581	14826	64.3	35.7
福　建	28719	9594	66.6	33.4
江　西	40514	14531	64.1	35.9
山　东	51777	18363	64.5	35.5
河　南	68013	25801	62.1	37.9
湖　北	29355	9935	66.2	33.8
湖　南	53886	18854	65.0	35.0
广　东	71170	23656	66.8	33.2
广　西	43913	15574	64.5	35.5
海　南	6624	2094	68.4	31.6
重　庆	27446	10555	61.5	38.5
四　川	65981	25367	61.6	38.4
贵　州	42351	16195	61.8	38.2
云　南	47394	18973	60.0	40.0
西　藏	7185	3421	52.4	47.6
陕　西	19357	7453	61.5	38.5
甘　肃	21968	8480	61.4	38.6
青　海	7731	3258	57.9	42.1
宁　夏	7436	2929	60.6	39.4
新　疆	29817	12289	58.8	41.2

资料来源：教育部。

表11.17　2021年文盲人口占15岁及以上人口的比重

单位：%

地　区	文盲人口占15岁及以上人口的比重	男	女
全　国	**3.21**	**1.50**	**4.96**
北　京	0.79	0.34	1.25
天　津	1.66	0.77	2.59
河　北	2.02	0.94	3.07
山　西	1.68	0.76	2.64
内蒙古	3.66	1.91	5.47
辽　宁	1.11	0.54	1.66
吉　林	1.31	0.66	1.96
黑龙江	2.15	1.47	2.82
上　海	1.90	0.64	3.27
江　苏	3.04	1.16	4.95
浙　江	3.55	1.48	5.80
安　徽	5.40	2.52	8.33
福　建	2.50	0.76	4.33
江　西	2.55	1.07	4.08
山　东	3.98	1.58	6.39
河　南	2.81	1.35	4.25
湖　北	2.38	0.84	3.98
湖　南	2.24	1.04	3.47
广　东	1.87	0.66	3.23
广　西	2.82	1.08	4.66
海　南	4.18	1.81	6.84
重　庆	1.46	0.63	2.31
四　川	4.54	2.22	6.88
贵　州	7.18	3.21	11.24
云　南	4.93	2.76	7.23
西　藏	34.27	26.72	42.73
陕　西	3.38	2.00	4.81
甘　肃	9.11	5.19	13.11
青　海	9.16	5.49	12.84
宁　夏	5.19	2.58	7.87
新　疆	3.47	2.56	4.45

资料来源：国家统计局，《中国统计年鉴2022》。

表11.18　2021年城镇职工基本养老保险参保人数及性别构成

地区	参保人数 (万人)	#女	性别构成(%)	
			男	女
全　国	48074.0	22655.5	52.9	47.1
北　京	1826.8	779.8	57.3	42.7
天　津	765.1	345.8	54.8	45.2
河　北	1805.5	808.0	55.2	44.8
山　西	1002.3	410.4	59.1	40.9
内蒙古	823.1	410.6	50.1	49.9
辽　宁	2084.6	1086.5	47.9	52.1
吉　林	922.0	459.3	50.2	49.8
黑龙江	1446.6	763.3	47.2	52.8
上　海	1654.4	788.0	52.4	47.6
江　苏	3609.3	1738.4	51.8	48.2
浙　江	3367.5	1824.4	45.8	54.2
安　徽	1384.2	667.5	51.8	48.2
福　建	1330.0	597.9	55.0	45.0
江　西	1246.9	578.3	53.6	46.4
山　东	3226.7	1412.9	56.2	43.8
河　南	2377.2	1087.6	54.2	45.8
湖　北	1834.7	902.0	50.8	49.2
湖　南	1849.5	734.9	60.3	39.7
广　东	5079.5	2336.9	54.0	46.0
广　西	985.3	478.2	51.5	48.5
海　南	329.0	141.7	56.9	43.1
重　庆	1354.2	670.4	50.5	49.5
四　川	3178.5	1643.5	48.3	51.7
贵　州	755.8	326.8	56.8	43.2
云　南	739.3	370.4	49.9	50.1
西　藏	59.5	29.7	50.1	49.9
陕　西	1229.4	466.9	62.0	38.0
甘　肃	502.5	213.3	57.6	42.4
青　海	169.0	78.2	53.7	46.3
宁　夏	252.1	123.9	50.9	49.1
新　疆	791.5	380.0	52.0	48.0

资料来源：人力资源和社会保障部。
注：女性数据为不完全统计数。

表11.19 2021年城乡居民基本养老保险参保人数及性别构成

地 区	参保人数(万人)	#女	性别构成(%)	
			男	女
全 国	54797.4	26303.9	52.0	48.0
北 京	192.4	106.6	44.6	55.4
天 津	172.0	94.3	45.2	54.8
河 北	3552.8	1826.9	48.6	51.4
山 西	1637.9	569.5	65.2	34.8
内蒙古	791.7	338.8	57.2	42.8
辽 宁	1040.9	536.0	48.5	51.5
吉 林	933.7	469.8	49.7	50.3
黑龙江	889.9	451.7	49.2	50.8
上 海	74.4	40.2	46.0	54.0
江 苏	2355.6	921.6	60.9	39.1
浙 江	1055.5	524.5	50.3	49.7
安 徽	3457.6	1758.4	49.1	50.9
福 建	1597.4	809.6	49.3	50.7
江 西	2074.3	1000.1	51.8	48.2
山 东	4614.1	2253.0	51.2	48.8
河 南	5306.3	2601.9	51.0	49.0
湖 北	2612.9	1258.1	51.8	48.2
湖 南	3435.1	1707.5	50.3	49.7
广 东	2681.4	1355.3	49.5	50.5
广 西	2671.8	1305.6	51.1	48.9
海 南	329.2	166.5	49.4	50.6
重 庆	1139.9	556.1	51.2	48.8
四 川	3181.1	1532.3	51.8	48.2
贵 州	1928.6	951.5	50.7	49.3
云 南	2460.3	1068.0	56.6	43.4
西 藏	174.9	88.2	49.6	50.4
陕 西	1799.5	693.5	61.5	38.5
甘 肃	1387.9	705.1	49.2	50.8
青 海	262.6	134.1	48.9	51.1
宁 夏	230.7	115.4	50.0	50.0
新 疆	754.8	363.6	51.8	48.2

资料来源：人力资源和社会保障部。

表11.20　2021年失业保险参保人数及性别构成

地区	参保人数（万人）	#女	性别构成(%)	
			男	女
全　国	22957.9	9816.5	57.2	42.8
北　京	1359.0	596.7	56.1	43.9
天　津	372.3	152.9	58.9	41.1
河　北	747.4	323.9	56.7	43.3
山　西	504.5	169.7	66.4	33.6
内蒙古	290.9	104.8	64.0	36.0
辽　宁	690.9	296.3	57.1	42.9
吉　林	278.0	115.7	58.4	41.6
黑龙江	329.5	126.5	61.6	38.4
上　海	1021.3	444.8	56.4	43.6
江　苏	1967.0	853.3	56.6	43.4
浙　江	1793.5	774.7	56.8	43.2
安　徽	616.6	233.5	62.1	37.9
福　建	716.7	329.9	54.0	46.0
江　西	308.0	125.7	59.2	40.8
山　东	1542.7	658.9	57.3	42.7
河　南	1004.9	396.1	60.6	39.4
湖　北	698.7	308.5	55.8	44.2
湖　南	687.4	290.5	57.7	42.3
广　东	3725.1	1611.7	56.7	43.3
广　西	475.0	231.0	51.4	48.6
海　南	205.6	105.0	48.9	51.1
重　庆	598.3	265.6	55.6	44.4
四　川	1128.9	496.0	56.1	43.9
贵　州	320.9	141.6	55.9	44.1
云　南	329.8	152.1	53.9	46.1
西　藏	29.6	14.3	51.6	48.4
陕　西	468.7	185.5	60.4	39.6
甘　肃	196.1	76.3	61.1	38.9
青　海	55.0	25.2	54.2	45.8
宁　夏	108.5	37.1	65.8	34.2
新　疆	387.2	172.6	55.4	44.6

资料来源：人力资源和社会保障部。

表11.21　2021年工伤保险参保人数及性别构成

地 区	参保人数（万人）	#女	性别构成(%)	
			男	女
全 国	**28286.5**	**10630.9**	**62.4**	**37.6**
北 京	1307.2	563.6	56.9	43.1
天 津	408.4	151.1	63.0	37.0
河 北	1084.7	399.1	63.2	36.8
山 西	640.1	223.9	65.0	35.0
内蒙古	338.2	87.7	74.1	25.9
辽 宁	807.9	309.2	61.7	38.3
吉 林	392.4	161.2	58.9	41.1
黑龙江	444.4	152.0	65.8	34.2
上 海	1097.3	448.6	59.1	40.9
江 苏	2340.6	860.3	63.2	36.8
浙 江	2741.6	958.0	65.1	34.9
安 徽	718.0	282.3	60.7	39.3
福 建	984.4	391.9	60.2	39.8
江 西	563.5	200.5	64.4	35.6
山 东	1921.9	669.4	65.2	34.8
河 南	1045.4	441.2	57.8	42.2
湖 北	828.3	259.9	68.6	31.4
湖 南	853.8	205.6	75.9	24.1
广 东	4068.6	1679.6	58.7	41.3
广 西	551.3	242.2	56.1	43.9
海 南	184.9	82.8	55.2	44.8
重 庆	765.7	269.3	64.8	35.2
四 川	1472.1	582.2	60.5	39.5
贵 州	529.9	181.0	65.8	34.2
云 南	541.9	204.8	62.2	37.8
西 藏	49.6	20.1	59.5	40.5
陕 西	629.6	244.7	61.1	38.9
甘 肃	278.7	92.0	67.0	33.0
青 海	95.9	32.7	65.9	34.1
宁 夏	143.8	49.2	65.8	34.2
新 疆	456.1	184.8	59.5	40.5

资料来源：人力资源和社会保障部。

表11.22 2021年生育保险参保人数及性别构成

地 区	参保人数 （万人）	#女	性别构成(%)	
			男	女
全　国	23751.7	10457.1	56.0	44.0
北　京	1082.7	477.4	55.9	44.1
天　津	366.1	154.6	57.8	42.2
河　北	900.6	410.0	54.5	45.5
山　西	379.1	159.9	57.8	42.2
内蒙古	345.4	145.0	58.0	42.0
辽　宁	704.8	304.4	56.8	43.2
吉　林	331.7	141.0	57.5	42.5
黑龙江	396.0	158.3	60.0	40.0
上　海	1084.7	474.5	56.3	43.7
江　苏	2094.9	910.8	56.5	43.5
浙　江	1810.9	780.3	56.9	43.1
安　徽	700.9	287.3	59.0	41.0
福　建	711.1	326.0	54.2	45.8
江　西	380.4	171.5	54.9	45.1
山　东	1607.5	687.4	57.2	42.8
河　南	889.4	389.8	56.2	43.8
湖　北	710.1	312.7	56.0	44.0
湖　南	652.8	290.2	55.5	44.5
广　东	3973.9	1803.5	54.6	45.4
广　西	523.5	247.2	52.8	47.2
海　南	179.6	80.8	55.0	45.0
重　庆	536.5	244.6	54.4	45.6
四　川	1201.7	551.0	54.1	45.9
贵　州	341.7	147.0	57.0	43.0
云　南	393.3	178.2	54.7	45.3
西　藏	41.6	18.3	55.9	44.1
陕　西	560.2	236.8	57.7	42.3
甘　肃	250.7	102.3	59.2	40.8
青　海	68.4	32.6	52.4	47.6
宁　夏	111.5	49.2	55.8	44.2
新　疆	343.7	154.9	54.9	45.1
新疆兵团	76.3	29.7	61.1	38.9

资料来源：国家医疗保障局。

表11.23 2021年实现就业的就业困难人数及性别构成

地区	人数（人）	#女	性别构成(%) 男	性别构成(%) 女
全　国	2654174	1400754	47.2	52.8
北　京	163503	74549	54.4	45.6
天　津	34669	18582	46.4	53.6
河　北	113099	50025	55.8	44.2
山　西	40422	17197	57.5	42.5
内蒙古	75857	44812	40.9	59.1
辽　宁	81308	45159	44.5	55.5
吉　林	54941	29369	46.5	53.5
黑龙江	90372	42752	52.7	47.3
上　海	78231	37575	52.0	48.0
江　苏	298756	151540	49.3	50.7
浙　江	128594	64635	49.7	50.3
安　徽	72238	36223	49.9	50.1
福　建	32889	16967	48.4	51.6
江　西	48507	23810	50.9	49.1
山　东	89196	50762	43.1	56.9
河　南	84316	46259	45.1	54.9
湖　北	288089	167593	41.8	58.2
湖　南	110811	64257	42.0	58.0
广　东	115093	67856	41.0	59.0
广　西	66193	45524	31.2	68.8
海　南	12880	5354	58.4	41.6
重　庆	125333	78496	37.4	62.6
四　川	88039	46819	46.8	53.2
贵　州	73036	33598	54.0	46.0
云　南	123657	56480	54.3	45.7
西　藏	5399	1566	71.0	29.0
陕　西	52556	26977	48.7	51.3
甘　肃	48601	24092	50.4	49.6
青　海	6650	3375	49.2	50.8
宁　夏	10460	6540	37.5	62.5
新　疆	31115	16954	45.5	54.5
新疆兵团	9364	5057	46.0	54.0

资料来源：人力资源和社会保障部。

表11.24 2021年残疾人就业人数及性别构成

地 区	人 数 (人)	#女	性别构成(%)	
			男	女
全 国	**8816435**	**2623126**	**70.2**	**29.8**
北 京	111568	34410	69.2	30.8
天 津	66035	20759	68.6	31.4
河 北	442354	131669	70.2	29.8
山 西	260621	73835	71.7	28.3
内蒙古	191519	59857	68.7	31.3
辽 宁	249534	70982	71.6	28.4
吉 林	186492	56315	69.8	30.2
黑龙江	225596	67573	70.0	30.0
上 海	69869	22513	67.8	32.2
江 苏	332694	106428	68.0	32.0
浙 江	302215	90352	70.1	29.9
安 徽	521685	166593	68.1	31.9
福 建	215126	63153	70.6	29.4
江 西	398034	123043	69.1	30.9
山 东	528146	142092	73.1	26.9
河 南	534644	162032	69.7	30.3
湖 北	399770	118069	70.5	29.5
湖 南	402067	109195	72.8	27.2
广 东	311551	95398	69.4	30.6
广 西	313055	87541	72.0	28.0
海 南	39238	11343	71.1	28.9
重 庆	239177	69337	71.0	29.0
四 川	859855	263515	69.4	30.6
贵 州	365930	96274	73.7	26.3
云 南	410927	118096	71.3	28.7
西 藏	16249	6531	59.8	40.2
陕 西	245241	71593	70.8	29.2
甘 肃	270748	82763	69.4	30.6
青 海	46412	16036	65.4	34.6
宁 夏	58961	18942	67.9	32.1
新 疆	201122	66887	66.7	33.3

资料来源:中国残联。

表11.25 2021年城市居民最低生活保障人数及性别构成

地 区	城市居民最低生活保障人数（人）	#女	性别构成（%）	
			男	女
全 国	**7377907**	**3452475**	**53.2**	**46.8**
北 京	70828	30574	56.8	43.2
天 津	67004	29608	55.8	44.2
河 北	156994	75390	52.0	48.0
山 西	238323	115235	51.6	48.4
内蒙古	283412	139428	50.8	49.2
辽 宁	308746	131278	57.5	42.5
吉 林	350338	166800	52.4	47.6
黑龙江	489894	219673	55.2	44.8
上 海	136371	55320	59.4	40.6
江 苏	99912	42723	57.2	42.8
浙 江	59622	23347	60.8	39.2
安 徽	316695	149945	52.7	47.3
福 建	64992	30134	53.6	46.4
江 西	310511	134087	56.8	43.2
山 东	108845	50655	53.5	46.5
河 南	357810	171777	52.0	48.0
湖 北	282935	132621	53.1	46.9
湖 南	390011	183897	52.8	47.2
广 东	150006	71025	52.7	47.3
广 西	343967	162766	52.7	47.3
海 南	33989	14933	56.1	43.9
重 庆	239318	105058	56.1	43.9
四 川	588657	268122	54.5	45.5
贵 州	607678	286907	52.8	47.2
云 南	392026	187966	52.1	47.9
西 藏	23482	10673	54.5	45.5
陕 西	185890	94149	49.4	50.6
甘 肃	326397	155569	52.3	47.7
青 海	59068	32452	45.1	54.9
宁 夏	76416	38871	49.1	50.9
新 疆	257770	141492	45.1	54.9

资料来源：民政部。

表11.26　2021年农村居民最低生活保障人数及性别构成

地　区	农村居民最低生活保障人数（人）	#女	性别构成(%)	
			男	女
全　国	**34744701**	**16278336**	**53.1**	**46.9**
北　京	38851	16357	57.9	42.1
天　津	60566	25240	58.3	41.7
河　北	1520913	697243	54.2	45.8
山　西	965357	478939	50.4	49.6
内蒙古	1305594	699063	46.5	53.5
辽　宁	681389	310965	54.4	45.6
吉　林	541796	274551	49.3	50.7
黑龙江	810534	404046	50.2	49.8
上　海	33884	17033	49.7	50.3
江　苏	623897	256603	58.9	41.1
浙　江	533022	210691	60.5	39.5
安　徽	1769270	821033	53.6	46.4
福　建	483970	214693	55.6	44.4
江　西	1425795	612501	57.0	43.0
山　东	1349399	618918	54.1	45.9
河　南	2891336	1357249	53.1	46.9
湖　北	1377014	637286	53.7	46.3
湖　南	1452590	679441	53.2	46.8
广　东	1273281	587779	53.8	46.2
广　西	2429726	1135027	53.3	46.7
海　南	147331	67037	54.5	45.5
重　庆	585746	265741	54.6	45.4
四　川	3595635	1707602	52.5	47.5
贵　州	1883808	878297	53.4	46.6
云　南	2259980	1062199	53.0	47.0
西　藏	130628	60047	54.0	46.0
陕　西	1159358	538386	53.6	46.4
甘　肃	1436802	577801	59.8	40.2
青　海	286960	146022	49.1	50.9
宁　夏	373292	184092	50.7	49.3
新　疆	1316977	736454	44.1	55.9

资料来源：民政部。

表11.27　2021年城乡居民最低生活保障平均标准

地　区	城市平均低保标准（元/人月）	农村平均低保标准（元/人年）
全　国	**711.4**	**6362.2**
北　京	1245.0	14940.0
天　津	1010.0	12120.0
河　北	710.6	5561.0
山　西	615.0	5682.2
内蒙古	762.5	6661.1
辽　宁	705.9	6063.6
吉　林	612.4	5335.1
黑龙江	650.2	5292.3
上　海	1330.0	15960.0
江　苏	803.2	9491.3
浙　江	935.3	11223.5
安　徽	686.3	8219.0
福　建	714.6	8535.4
江　西	768.6	6519.1
山　东	814.5	7607.1
河　南	604.6	4781.8
湖　北	674.2	6057.6
湖　南	591.0	5256.1
广　东	914.8	8806.1
广　西	772.7	5417.8
海　南	576.8	6014.4
重　庆	636.0	6291.4
四　川	623.8	5322.5
贵　州	651.1	4678.9
云　南	667.9	4935.8
西　藏	970.9	5064.3
陕　西	651.1	5328.8
甘　肃	650.6	4908.7
青　海	665.2	4923.9
宁　夏	609.2	5172.8
新　疆	586.0	5476.5

资料来源：民政部。

表11.28　2021年农村特困人员人数及性别构成

地区	人数（人）	#女	性别构成(%)	
			男	女
全　国	**4373427**	**453596**	**89.6**	**10.4**
北　京	5307	351	93.4	6.6
天　津	10369	998	90.4	9.6
河　北	252670	15354	93.9	6.1
山　西	129371	6525	95.0	5.0
内蒙古	84231	4515	94.6	5.4
辽　宁	126990	14002	89.0	11.0
吉　林	76216	10032	86.8	13.2
黑龙江	91635	16352	82.2	17.8
上　海	1924	358	81.4	18.6
江　苏	197657	15386	92.2	7.8
浙　江	33115	1878	94.3	5.7
安　徽	330039	35479	89.3	10.7
福　建	60811	5372	91.2	8.8
江　西	123698	23286	81.2	18.8
山　东	329213	22502	93.2	6.8
河　南	484438	45442	90.6	9.4
湖　北	235045	28495	87.9	12.1
湖　南	352924	40766	88.4	11.6
广　东	202112	16695	91.7	8.3
广　西	234214	22008	90.6	9.4
海　南	22549	2599	88.5	11.5
重　庆	97732	6770	93.1	6.9
四　川	417791	39314	90.6	9.4
贵　州	87304	10032	88.5	11.5
云　南	116416	24294	79.1	20.9
西　藏	12425	7401	40.4	59.6
陕　西	124589	9833	92.1	7.9
甘　肃	92071	14902	83.8	16.2
青　海	15059	5180	65.6	34.4
宁　夏	8506	2053	75.9	24.1
新　疆	17006	5422	68.1	31.9

资料来源：民政部。

表11.29 2021年得到最低生活保障未成年人数

单位：人

地 区	城市最低生活保障未成年人数	农村最低生活保障未成年人数	救助农村特困未成年人数
全 国	1155781	5565904	31442
北 京	9636	3206	2
天 津	13686	11429	56
河 北	22835	163727	1026
山 西	37439	58464	569
内蒙古	21748	46293	70
辽 宁	48500	51470	177
吉 林	23960	35211	203
黑龙江	51862	42300	553
上 海	24760	473	
江 苏	11315	75388	256
浙 江	5658	53099	2
安 徽	31232	211791	766
福 建	7941	77162	424
江 西	54785	246674	1747
山 东	12646	137950	169
河 南	50599	391234	5515
湖 北	29350	157674	472
湖 南	41817	217439	1740
广 东	27015	276039	494
广 西	70391	561324	3224
海 南	9923	46335	146
重 庆	30724	105975	1661
四 川	71311	514842	3049
贵 州	181256	524118	1238
云 南	51704	368282	4140
西 藏	5171	45794	30
陕 西	28838	162758	1167
甘 肃	73199	295429	921
青 海	11688	80200	196
宁 夏	13143	33398	21
新 疆	81649	570426	1408

资料来源：民政部。

表11.30　2021年结婚登记情况

地 区	结婚登记 （万对）	内地 居民	初婚 （万人）	再婚 （万人）	涉外及华 侨港澳台 居民(对)	结婚率 （‰）
全　国	764.3	762.7	1157.8	370.8	15997	5.4
北　京	10.3	10.3	13.6	7.0	430	4.7
天　津	8.0	8.0	9.1	7.0	131	5.8
河　北	33.7	33.7	45.8	21.6	161	4.5
山　西	22.3	22.3	37.3	7.4	71	6.4
内蒙古	13.2	13.2	17.6	8.8	85	5.5
辽　宁	21.4	21.4	33.4	9.5	301	5.1
吉　林	13.9	13.9	17.3	10.5	214	5.8
黑龙江	17.2	17.2	24.6	9.8	250	5.5
上　海	9.0	8.9	11.4	6.6	813	3.6
江　苏	46.7	46.6	77.7	15.6	683	5.5
浙　江	26.3	26.3	40.1	12.5	530	4.0
安　徽	42.1	42.0	62.5	21.6	319	6.9
福　建	18.5	18.4	29.2	7.8	898	4.4
江　西	24.4	24.4	38.3	10.5	216	5.4
山　东	46.3	46.2	64.2	28.3	396	4.5
河　南	59.7	59.6	92.1	27.2	286	6.0
湖　北	31.6	31.5	49.9	13.3	363	5.5
湖　南	30.2	30.1	45.4	14.9	463	4.5
广　东	59.1	58.6	98.7	19.5	4912	4.7
广　西	27.3	27.0	43.8	10.7	2555	5.4
海　南	6.0	6.0	10.1	2.0	150	5.9
重　庆	19.7	19.7	25.4	14.0	232	6.1
四　川	51.2	51.1	72.9	29.4	546	6.1
贵　州	29.3	29.3	44.6	14.0	155	7.6
云　南	30.0	29.9	45.4	14.5	546	6.4
西　藏	3.5	3.5	6.5	0.5	3	9.5
陕　西	22.1	22.1	33.0	11.2	194	5.6
甘　肃	16.4	16.4	27.6	5.3	47	6.6
青　海	4.6	4.6	7.4	1.8	8	7.7
宁　夏	4.9	4.9	7.7	2.1	11	6.7
新　疆	15.6	15.6	25.2	6.0	28	6.0

资料来源：民政部。

表11.31 2021年分年龄组结婚登记人数

单位：万人

地区	合计	20—24岁	25—29岁	30—34岁	35—39岁	40岁及以上
全国	1528.6	252.9	539.3	305.2	133.2	297.9
北京	20.7	0.8	6.5	5.2	2.7	5.4
天津	16.1	1.3	5.2	4.1	2.4	3.1
河北	67.4	14.6	23.0	13.7	6.5	9.7
山西	44.7	5.8	18.4	7.0	2.7	10.7
内蒙古	26.4	2.5	10.1	5.6	2.8	5.4
辽宁	42.9	4.2	14.4	9.5	4.6	10.3
吉林	27.8	2.4	7.9	6.0	3.0	8.4
黑龙江	34.4	3.1	9.0	6.6	3.9	11.9
上海	18.0	0.6	5.9	4.5	2.3	4.7
江苏	93.4	10.0	31.5	17.2	6.8	27.9
浙江	52.6	5.0	21.1	10.3	4.2	12.1
安徽	84.1	14.8	28.5	14.5	5.8	20.6
福建	37.0	5.3	14.0	8.8	3.2	5.7
江西	48.8	11.9	16.8	8.6	3.5	8.0
山东	92.5	19.7	31.1	19.4	8.4	14.0
河南	119.3	27.3	36.9	22.9	9.2	23.0
湖北	63.1	5.8	22.1	14.8	5.7	14.8
湖南	60.3	11.0	18.5	14.7	6.1	10.0
广东	118.2	18.4	52.2	25.9	9.4	12.3
广西	54.6	10.6	17.4	12.0	6.4	8.2
海南	12.0	1.7	4.1	2.5	1.1	2.6
重庆	39.4	6.0	14.5	6.9	3.6	8.3
四川	102.3	19.1	37.6	18.2	8.2	19.1
贵州	58.6	14.1	19.2	9.5	4.8	10.9
云南	60.0	14.9	20.1	10.1	5.1	9.7
西藏	7.0	1.5	2.1	1.1	0.8	1.5
陕西	44.2	5.0	19.8	10.2	3.9	5.3
甘肃	32.8	5.8	13.9	6.0	2.1	5.0
青海	9.1	1.9	2.9	1.5	0.8	2.1
宁夏	9.7	2.2	3.5	1.5	0.6	2.0
新疆	31.3	5.8	11.1	6.1	2.7	5.6

资料来源：民政部。

表11.32 2021年离婚情况

地区	离婚 (万对)	民政部 门登记	内地 居民	涉外及华 侨港澳台 居民(对)	法院部 门办理 (万件)	离婚率 (‰)
全 国	283.9	214.1	213.9	2231	69.8	2.0
北 京	5.0	4.5	4.4	91	0.6	2.3
天 津	4.1	3.5	3.5	33	0.6	3.0
河 北	13.4	10.1	10.1	26	3.3	1.8
山 西	5.9	4.1	4.1	5	1.7	1.7
内蒙古	5.5	3.9	3.9	12	1.6	2.3
辽 宁	9.6	7.6	7.6	56	2.0	2.3
吉 林	6.4	5.1	5.1	26	1.3	2.7
黑龙江	8.5	6.5	6.5	32	2.0	2.7
上 海	3.6	2.9	2.9	159	0.7	1.5
江 苏	18.0	13.5	13.5	129	4.5	2.1
浙 江	9.5	7.6	7.5	134	1.9	1.5
安 徽	14.6	11.2	11.2	51	3.4	2.4
福 建	6.9	5.5	5.4	189	1.5	1.7
江 西	8.0	6.4	6.4	24	1.6	1.8
山 东	18.7	13.5	13.5	55	5.2	1.8
河 南	20.0	15.3	15.3	38	4.7	2.0
湖 北	12.6	9.9	9.9	56	2.7	2.2
湖 南	12.9	9.7	9.7	59	3.2	2.0
广 东	16.7	14.5	14.4	531	2.2	1.3
广 西	9.5	7.1	7.1	81	2.5	1.9
海 南	1.5	1.3	1.3	25	0.2	1.5
重 庆	9.0	7.2	7.2	32	1.8	2.8
四 川	19.8	14.7	14.7	139	5.1	2.4
贵 州	10.7	7.4	7.4	119	3.3	2.8
云 南	9.9	6.3	6.3	93	3.5	2.1
西 藏	0.5	0.4	0.4		0.1	1.5
陕 西	8.2	5.9	5.9	23	2.3	2.1
甘 肃	4.3	2.4	2.4	5	1.9	1.7
青 海	1.4	0.8	0.8		0.5	2.3
宁 夏	1.7	1.0	1.0	2	0.6	2.3
新 疆	7.3	4.2	4.2	6	3.2	2.8

资料来源:民政部。

表11.33 2021年全国已建工会组织的会员人数及性别构成

地 区	会员人数（万人）	#女	性别构成(%) 男	性别构成(%) 女
全 国	25491.8	9941.2	61.0	39.0
中央和国家机关	42.3	18.8	55.6	44.4
北 京	516.1	180.7	65.0	35.0
天 津	249.9	97.4	61.0	39.0
河 北	1409.5	468.2	66.8	33.2
山 西	689.0	230.4	66.6	33.4
内蒙古	469.1	156.3	66.7	33.3
辽 宁	929.6	357.6	61.5	38.5
吉 林	358.4	142.6	60.2	39.8
黑龙江	489.7	169.7	65.4	34.6
上 海	699.2	272.0	61.1	38.9
江 苏	2033.5	867.6	57.3	42.7
浙 江	1846.1	793.5	57.0	43.0
安 徽	961.3	362.2	62.3	37.7
福 建	772.0	332.6	56.9	43.1
江 西	822.5	308.9	62.4	37.6
山 东	1408.2	537.7	61.8	38.2
河 南	1413.8	537.2	62.0	38.0
湖 北	1066.2	406.3	61.9	38.1
湖 南	1053.3	383.3	63.6	36.4
广 东	2002.0	875.3	56.3	43.7
广 西	559.1	233.1	58.3	41.7
海 南	153.8	65.0	57.8	42.2
重 庆	522.3	203.3	61.1	38.9
四 川	1890.9	742.2	60.7	39.3
贵 州	700.1	264.8	62.2	37.8
云 南	459.3	189.3	58.8	41.2
西 藏	60.7	24.2	60.2	39.8
陕 西	877.0	316.1	64.0	36.0
甘 肃	375.2	140.9	62.5	37.5
青 海	115.7	46.3	60.0	40.0
宁 夏	120.5	49.9	58.6	41.4
新 疆	425.5	167.8	60.6	39.4

资料来源：全国总工会。

表11.34　2021年社会组织职工中女性比重

单位：%

地　　区	社会团体	基金会	民办非企业
全　　国	**23.0**	**28.7**	**49.9**
中央本级	44.4	11.9	51.9
北　　京	43.7	59.9	63.6
天　　津	48.2	52.1	58.3
河　　北	8.3	44.5	53.9
山　　西	25.1	16.1	48.9
内蒙古	25.0	17.1	43.9
辽　　宁	28.2	32.4	51.0
吉　　林	20.5	20.0	36.4
黑龙江	28.4	46.4	40.2
上　　海	19.4	20.4	16.1
江　　苏	18.5	12.9	27.4
浙　　江	29.4	26.7	60.1
安　　徽	27.4	6.7	45.7
福　　建	19.2	16.2	48.9
江　　西	19.0	40.7	50.2
山　　东	26.7	25.3	62.6
河　　南	26.9	8.8	52.6
湖　　北	23.0	5.6	51.4
湖　　南	32.8	10.0	48.1
广　　东	22.6	44.8	58.1
广　　西	23.6	12.5	63.1
海　　南	25.3	14.6	45.6
重　　庆	24.4	30.8	63.8
四　　川	35.2	39.8	48.3
贵　　州	21.7	30.9	47.0
云　　南	15.3	34.5	50.7
西　　藏	34.1	25.7	40.5
陕　　西	17.3	9.3	38.4
甘　　肃	10.0	27.5	35.6
青　　海	17.0	50.4	50.8
宁　　夏	23.5	42.2	45.6
新　　疆	35.5	3.7	44.1

资料来源：民政部。

表11.35　2021年社会组织负责人中女性比重

单位：%

地　区	社会团体	基金会	民办非企业
全　国	**15.5**	**26.8**	**38.7**
中央本级		42.0	62.1
北　京	30.6	36.5	50.6
天　津	8.1	32.4	38.2
河　北	15.0	34.2	39.3
山　西	12.1		31.5
内蒙古	19.7	12.9	39.0
辽　宁	13.5	6.3	32.2
吉　林	10.5	20.0	38.6
黑龙江	20.5	0.8	38.4
上　海	22.9	42.1	40.0
江　苏	17.9	12.4	30.1
浙　江	9.7	25.2	37.9
安　徽	16.2	7.7	36.6
福　建	12.4	19.4	37.8
江　西	20.3	18.9	37.7
山　东	21.8	18.9	47.5
河　南	18.8	9.5	37.0
湖　北	9.7	3.8	30.6
湖　南	18.6	6.6	43.1
广　东	7.6	17.0	41.6
广　西	16.0	92.1	45.7
海　南	13.1	15.7	37.6
重　庆	17.0	17.1	52.0
四　川	15.5	28.1	35.6
贵　州	17.4	7.8	47.6
云　南	11.2	8.6	22.5
西　藏	24.9	34.6	22.5
陕　西	17.3	39.6	37.2
甘　肃	8.4	57.1	31.0
青　海	10.8	30.6	18.2
宁　夏	16.2	16.1	38.0
新　疆	14.1		38.1

资料来源：民政部。

表11.36　2021年基层群众自治组织中女性比重

单位：%

地　区	居委会		村委会	
	成员	主任	成员	主任
全　国	**54.4**	**41.4**	**26.8**	**11.1**
北　京	72.4	66.4	32.2	11.0
天　津	61.1	60.5	22.5	7.7
河　北	58.3	45.9	24.9	7.9
山　西	60.5	45.5	24.8	8.5
内蒙古	63.5	54.0	25.6	7.8
辽　宁	73.6	69.5	28.9	13.1
吉　林	53.6	50.2	31.6	14.3
黑龙江	68.8	61.4	23.0	14.8
上　海	63.2	63.7	35.7	32.5
江　苏	45.2	36.6	26.6	16.5
浙　江	53.6	45.1	29.5	6.3
安　徽	54.8	34.7	35.1	14.8
福　建	56.1	43.0	29.2	11.2
江　西	61.0	50.7	25.2	12.5
山　东	51.7	37.3	30.2	9.2
河　南	44.7	28.2	22.0	11.1
湖　北	61.8	40.5	35.2	11.8
湖　南	47.9	31.4	31.4	13.5
广　东	50.9	33.1	27.7	8.4
广　西	54.5	39.1	27.8	12.9
海　南	35.8	17.4	24.8	6.1
重　庆	61.6	43.0	39.3	15.4
四　川	43.6	28.7	27.3	15.3
贵　州	42.7	30.7	26.1	12.7
云　南	34.7	19.6	21.1	10.6
西　藏	24.6	15.0	16.3	4.3
陕　西	57.0	34.7	21.6	6.6
甘　肃	49.4	49.7	17.7	15.7
青　海	54.4	49.9	16.3	11.9
宁　夏	85.1	72.7	34.4	6.8
新　疆	46.7	33.4	23.9	13.2

资料来源：民政部。

表11.37 2021年村委会选举情况

地 区	当年完成选举的村委会数（个）	经推举产生的村民代表数（人）	#女	性别构成(%) 男	性别构成(%) 女
全 国	**367931**	**17539374**	**3153876**	**82.0**	**18.0**
北 京	3573	92275	33081	64.1	35.9
天 津	2108	48150	3986	91.7	8.3
河 北	44371	1570827	126930	91.9	8.1
山 西	17139	581666	65934	88.7	11.3
内蒙古	6254	199455	23678	88.1	11.9
辽 宁	4572	183780	47524	74.1	25.9
吉 林	2419	43600	3174	92.7	7.3
黑龙江	9026	184610	26273	85.8	14.2
上 海	1517	99349	47321	52.4	47.6
江 苏	7029	1260840	54649	95.7	4.3
浙 江	6416	361185	99709	72.4	27.6
安 徽	13872	739449	246912	66.6	33.4
福 建	13769	507105	151609	70.1	29.9
江 西	11923	460616	90751	80.3	19.7
山 东	54621	1969459	489230	75.2	24.8
河 南	37426	2489655	268384	89.2	10.8
湖 北	21251	654145	144361	77.9	22.1
湖 南	23621	1458239	443124	69.6	30.4
广 东	16238	1142614	166200	85.5	14.5
广 西	11861	420633	101916	75.8	24.2
海 南	1728	48771	15495	68.2	31.8
重 庆	6469	254661	85454	66.4	33.6
四 川	14014	810553	108211	86.6	13.4
贵 州	7436	391426	80475	79.4	20.6
云 南	7121	572577	97527	83.0	17.0
西 藏	1527	141107	28264	80.0	20.0
陕 西	11048	393805	70896	82.0	18.0
甘 肃	5974	341742	21967	93.6	6.4
青 海	354	25409	11	100.0	0.0
宁 夏	2204	75228	10665	85.8	14.2
新 疆	1050	16443	165	99.0	1.0

资料来源：民政部。

表11.38 2021年R&D人员及性别构成

地区	人数(人)	#女	性别构成(%)	
			男	女
全国	**8580860**	**2223984**	**74.1**	**25.9**
北京	472860	146000	69.1	30.9
天津	166037	45753	72.4	27.6
河北	213334	59954	71.9	28.1
山西	101123	23541	76.7	23.3
内蒙古	50166	14943	70.2	29.8
辽宁	189514	54562	71.2	28.8
吉林	87034	31598	63.7	36.3
黑龙江	74230	24341	67.2	32.8
上海	344991	98290	71.5	28.5
江苏	1088317	265043	75.6	24.4
浙江	798574	196594	75.4	24.6
安徽	350238	78742	77.5	22.5
福建	347528	94631	72.8	27.2
江西	188413	47909	74.6	25.4
山东	695945	182659	73.8	26.2
河南	346737	90122	74.0	26.0
湖北	353579	86362	75.6	24.4
湖南	326048	82256	74.8	25.2
广东	1248474	285207	77.2	22.8
广西	103691	34025	67.2	32.8
海南	21627	7861	63.7	36.3
重庆	202465	51770	74.4	25.6
四川	311721	82227	73.6	26.4
贵州	77390	21057	72.8	27.2
云南	97539	29605	69.6	30.4
西藏	3219	1165	63.8	36.2
陕西	187874	50471	73.1	26.9
甘肃	55067	15551	71.8	28.2
青海	9438	2716	71.2	28.8
宁夏	29463	7775	73.6	26.4
新疆	38223	11254	70.6	29.4

资料来源:国家统计局,《中国科技统计年鉴2022》。

表11.39　2021年规模以上工业企业R&D人员人数及性别构成

地 区	人 数（人）	#女	性别构成(%)	
			男	女
全　国	5559580	1234522	77.8	22.2
北　京	61490	17048	72.3	27.7
天　津	77928	19505	75.0	25.0
河　北	135827	26898	80.2	19.8
山　西	62573	8854	85.9	14.1
内蒙古	28933	5258	81.8	18.2
辽　宁	99111	22323	77.5	22.5
吉　林	25398	6450	74.6	25.4
黑龙江	24809	6576	73.5	26.5
上　海	136693	32557	76.2	23.8
江　苏	863212	197405	77.1	22.9
浙　江	644524	146395	77.3	22.7
安　徽	248221	48668	80.4	19.6
福　建	259342	64642	75.1	24.9
江　西	140382	31569	77.5	22.5
山　东	529468	126733	76.1	23.9
河　南	241034	52058	78.4	21.6
湖　北	220314	49043	77.7	22.3
湖　南	215288	46507	78.4	21.6
广　东	972954	200486	79.4	20.6
广　西	45701	10021	78.1	21.9
海　南	4744	1649	65.2	34.8
重　庆	131478	27944	78.7	21.3
四　川	158826	35736	77.5	22.5
贵　州	44499	8776	80.3	19.7
云　南	46377	9534	79.4	20.6
西　藏	687	122	82.2	17.8
陕　西	78236	19257	75.4	24.6
甘　肃	21018	4338	79.4	20.6
青　海	3455	810	76.6	23.4
宁　夏	20144	4217	79.1	20.9
新　疆	16914	3143	81.4	18.6

资料来源：国家统计局，《中国科技统计年鉴2022》。

表11.40 2021年在岗专职教练员人数及性别构成

地区	人数（人）	#女	性别构成(%)	
			男	女
全国	25759	7418	71.2	28.8
中央	126	32	74.6	25.4
北京	711	233	67.2	32.8
天津	543	171	68.5	31.5
河北	983	311	68.4	31.6
山西	689	216	68.7	31.3
内蒙古	552	142	74.3	25.7
辽宁	1269	393	69.0	31.0
吉林	795	260	67.3	32.7
黑龙江	1053	309	70.7	29.3
上海	1150	380	67.0	33.0
江苏	1443	410	71.6	28.4
浙江	1057	322	69.5	30.5
安徽	640	153	76.1	23.9
福建	1133	376	66.8	33.2
江西	564	174	69.1	30.9
山东	2727	788	71.1	28.9
河南	944	266	71.8	28.2
湖北	850	250	70.6	29.4
湖南	955	263	72.5	27.5
广东	1804	478	73.5	26.5
广西	797	216	72.9	27.1
海南	116	26	77.6	22.4
重庆	285	68	76.1	23.9
四川	1137	327	71.2	28.8
贵州	299	88	70.6	29.4
云南	841	220	73.8	26.2
西藏	48	4	91.7	8.3
陕西	809	233	71.2	28.8
甘肃	503	122	75.7	24.3
青海	148	30	79.7	20.3
宁夏	144	34	76.4	23.6
新疆	644	123	80.9	19.1

资料来源：国家体育总局。

表11.41　2021年律师人数及性别构成

地区	人数(人)	#女	性别构成(%)	
			男	女
全国	**574042**	**208783**	**63.6**	**36.4**
北　京	42163	18488	56.2	43.8
天　津	9778	4528	53.7	46.3
河　北	21175	8379	60.4	39.6
山　西	12131	5281	56.5	43.5
内蒙古	10889	4181	61.6	38.4
辽　宁	18105	7400	59.1	40.9
吉　林	7473	2454	67.2	32.8
黑龙江	7260	2991	58.8	41.2
上　海	35252	15331	56.5	43.5
江　苏	39185	13714	65.0	35.0
浙　江	30825	12418	59.7	40.3
安　徽	18417	5259	71.4	28.6
福　建	16686	5771	65.4	34.6
江　西	10433	3019	71.1	28.9
山　东	33960	11594	65.9	34.1
河　南	29245	10302	64.8	35.2
湖　北	17818	6143	65.5	34.5
湖　南	20481	7555	63.1	36.9
广　东	61946	22631	63.5	36.5
广　西	12674	4247	66.5	33.5
海　南	5200	2192	57.8	42.2
重　庆	14580	4937	66.1	33.9
四　川	30137	11837	60.7	39.3
贵　州	12544	3679	70.7	29.3
云　南	13577	5140	62.1	37.9
西　藏	727	311	57.2	42.8
陕　西	14660	6621	54.8	45.2
甘　肃	6820	2297	66.3	33.7
青　海	1463	409	72.0	28.0
宁　夏	3925	1560	60.3	39.7
新　疆	6537	2931	55.2	44.8
新疆兵团	973	373	61.7	38.3

资料来源：司法部。
注：全国律师人数中包括军队律师以及司法部批准的公职律师、公司律师、中国法律律师事务所律师。

表11.42　2021年公证员人数及性别构成

地　区	人　数（人）	#女	性别构成(%)	
			男	女
全　国	**14600**	**7802**	**46.6**	**53.4**
北　京	441	267	39.5	60.5
天　津	185	109	41.1	58.9
河　北	762	433	43.2	56.8
山　西	405	206	49.1	50.9
内蒙古	561	300	46.5	53.5
辽　宁	414	210	49.3	50.7
吉　林	429	225	47.6	52.4
黑龙江	448	258	42.4	57.6
上　海	513	255	50.3	49.7
江　苏	878	480	45.3	54.7
浙　江	578	302	47.8	52.2
安　徽	406	174	57.1	42.9
福　建	483	246	49.1	50.9
江　西	340	154	54.7	45.3
山　东	1014	508	49.9	50.1
河　南	749	388	48.2	51.8
湖　北	424	199	53.1	46.9
湖　南	447	253	43.4	56.6
广　东	1090	594	45.5	54.5
广　西	368	189	48.6	51.4
海　南	103	50	51.5	48.5
重　庆	246	129	47.6	52.4
四　川	989	595	39.8	60.2
贵　州	292	143	51.0	49.0
云　南	640	342	46.6	53.4
西　藏	33	15	54.5	45.5
陕　西	471	250	46.9	53.1
甘　肃	277	139	49.8	50.2
青　海	99	54	45.5	54.5
宁　夏	131	93	29.0	71.0
新　疆	338	214	36.7	63.3
新疆兵团	46	28	39.1	60.9

资料来源：司法部。

表11.43 2021年法律援助机构数及获得法律援助的受援人数

地 区	法律援助机构数(个)	受援人数(人次)	#女	#未成年人
全 国	2629	1668366	329161	148166
北 京	17	28746	8858	543
天 津	18	11770	3313	1748
河 北	155	58780	11710	4287
山 西	129	33115	5633	1656
内 蒙 古	101	30838	5676	1641
辽 宁	84	45142	5949	2782
吉 林	69	12752	1998	1939
黑 龙 江	105	20200	2873	1234
上 海	17	21879	4987	1648
江 苏	104	140449	37043	9638
浙 江	98	82019	13434	8596
安 徽	109	94178	19132	6183
福 建	81	48363	11051	6038
江 西	80	49700	10081	6914
山 东	150	165566	34134	7998
河 南	172	116338	19432	9784
湖 北	98	62841	10259	4410
湖 南	128	51954	12231	8363
广 东	123	147779	37602	15099
广 西	109	40029	7492	8927
海 南	13	25046	4632	3267
重 庆	40	31970	6908	4591
四 川	156	69815	11628	6812
贵 州	72	54873	8596	5728
云 南	77	70131	9421	9396
西 藏	15	7289	566	156
陕 西	99	54904	10017	3072
甘 肃	77	33791	4706	2049
青 海	50	8328	1845	493
宁 夏	13	20540	4464	1586
新 疆	64	24582	2825	1435
新 疆 兵 团	6	4659	665	153

资料来源:司法部。

表11.44 2021年人均水资源量及人均用水量

单位：立方米

地 区	人均水资源量	人均用水量
全 国	2098.5	419.2
北 京	280.0	186.4
天 津	288.4	234.1
河 北	505.1	244.0
山 西	596.6	208.3
内蒙古	3926.3	798.3
辽 宁	1206.3	304.1
吉 林	1923.8	461.7
黑龙江	3800.2	1030.8
上 海	216.6	425.2
江 苏	589.8	668.4
浙 江	2067.5	255.8
安 徽	1445.9	444.8
福 建	1817.7	437.5
江 西	3142.3	552.0
山 东	516.6	206.6
河 南	695.3	224.9
湖 北	2054.1	580.7
湖 南	2699.3	486.0
广 东	965.1	321.6
广 西	3065.2	534.0
海 南	3362.2	442.9
重 庆	2338.6	224.6
四 川	3493.4	291.8
贵 州	2831.1	270.0
云 南	3433.5	340.6
西 藏	120461.7	885.2
陕 西	2155.8	232.1
甘 肃	1118.0	441.2
青 海	14190.4	412.8
宁 夏	128.6	941.9
新 疆	3124.2	2216.3

资料来源：国家统计局，《中国统计年鉴2022》。

表11.45 2021年公共图书馆基本情况

地 区	公共图书馆个数(个)	少儿文献数(万册)	少儿阅览室坐席数(个)	少儿图书馆 个数(个)	少儿图书馆 总藏量(万册)
全 国	**3215**	**16626.9**	**334953**	**143**	**5491.3**
中 央	1	8.6	300		
北 京	20	474.1	3602	2	74.8
天 津	20	316.3	3154		
河 北	177	474.7	13283	2	132.9
山 西	128	263.0	9879		
内蒙古	117	196.8	8347	1	18.0
辽 宁	129	701.8	8849	16	537.9
吉 林	66	247.8	5002	4	644.5
黑龙江	103	207.4	7048	2	13.3
上 海	22	438.5	5456	4	266.5
江 苏	123	1565.9	22000	10	261.7
浙 江	103	2116.2	27270	4	266.9
安 徽	133	511.7	13542	17	216.3
福 建	96	898.3	12552	8	352.2
江 西	114	391.7	13715		
山 东	153	867.5	17429	1	68.9
河 南	169	659.9	19410	11	248.2
湖 北	117	497.9	12790	6	161.6
湖 南	144	726.5	17168	10	281.6
广 东	150	2612.7	31877	5	798.5
广 西	116	356.3	10419	3	160.1
海 南	24	91.8	2077	1	46.0
重 庆	43	329.8	7264	3	302.7
四 川	207	506.6	16452	2	15.6
贵 州	99	190.5	7408	4	74.1
云 南	151	196.2	9384	6	88.9
西 藏	82	12.8	894	1	18.2
陕 西	117	237.5	7885	7	76.4
甘 肃	104	214.8	8990	10	133.0
青 海	50	39.3	1377	1	190.5
宁 夏	27	105.5	2895		
新 疆	110	168.6	7235	2	41.9

资料来源：文化和旅游部。

表11.46 2021年全国文化馆(站)、博物馆个数及未成年人参观情况

地区	文化馆(站)		博物馆	
	个数 (个)	为未成年人 组织专场 (次)	个数 (个)	未成年人 参观人次 (万人次)
全　国	43531	22172	5772	18122.2
中　央			5	117.0
北　京	356	236	79	218.6
天　津	272	86	69	212.5
河　北	2460	1436	172	484.9
山　西	1491	471	182	401.6
内蒙古	1201	423	168	244.4
辽　宁	1478	258	65	218.0
吉　林	990	196	105	129.9
黑龙江	1395	337	177	194.6
上　海	241	334	116	440.1
江　苏	1381	1416	366	1544.7
浙　江	1451	1546	425	1109.5
安　徽	1628	1085	223	519.6
福　建	1210	462	140	538.8
江　西	1854	1016	189	1419.2
山　东	1979	2421	629	1549.5
河　南	2692	1157	367	1350.1
湖　北	1428	618	227	797.8
湖　南	2355	1078	162	1517.4
广　东	1761	1843	339	961.0
广　西	1300	637	169	544.6
海　南	242	125	39	80.6
重　庆	1072	363	111	527.2
四　川	4295	780	267	1070.9
贵　州	1721	994	97	358.8
云　南	1608	682	165	284.8
西　藏	779	142	13	4.7
陕　西	1477	538	312	464.4
甘　肃	1453	482	228	584.8
青　海	442	136	24	23.2
宁　夏	272	254	64	100.3
新　疆	1247	620	78	108.6

资料来源:文化和旅游部。

表11.47 2021年少儿广播电视节目播出时间

单位：小时

地 区	少儿广播	少儿电视	电视动画
全 国	**287551**	**626124**	**452408**
中央广播电视总台	1037	9200	6156
其他部门所属单位		508	324
北 京	1480	9302	8034
天 津	235	9455	7170
河 北	15089	28551	14877
山 西	8702	19054	8028
内 蒙 古	9603	21940	17093
辽 宁	15500	14828	10253
吉 林	7283	6655	3915
黑 龙 江	5342	12290	9674
上 海	2772	19023	17653
江 苏	14009	24790	14406
浙 江	11160	24522	22573
安 徽	14140	16938	11808
福 建	6593	23008	17037
江 西	11678	23510	15231
山 东	15447	30258	27008
河 南	12988	16116	9128
湖 北	11499	23202	18496
湖 南	11469	36314	26371
广 东	17937	43842	35022
广 西	6626	19788	15306
海 南	2625	1726	5081
重 庆	2302	12982	9817
四 川	17966	37914	26637
贵 州	2853	15346	9779
云 南	10322	27584	19476
西 藏	10490	10981	2729
陕 西	11671	13897	5817
甘 肃	7644	17304	12668
青 海	5025	8227	6304
宁 夏	1324	8141	5921
新 疆	14741	38927	32614

资料来源：国家广播电视总局。

表11.48　2021年全国妇女之家及儿童之家数

单位：个

地　区	妇女之家	儿童之家
全　国	**709966**	**329134**
中　央	1	
北　京	8513	6660
天　津	5729	5254
河　北	57123	22987
山　西	28550	2996
内蒙古	16514	2676
辽　宁	20083	6766
吉　林	13500	8393
黑龙江	14064	3950
上　海	8669	2403
江　苏	23596	18339
浙　江	40407	22152
安　徽	21332	15639
福　建	20800	15490
江　西	22932	7263
山　东	65099	7686
河　南	57633	13585
湖　北	30877	17011
湖　南	33672	28027
广　东	28458	27317
广　西	18388	15660
海　南	3560	2498
重　庆	13716	10834
四　川	40784	30819
贵　州	20560	5430
云　南	18738	15492
西　藏	6855	389
陕　西	23175	1275
甘　肃	19555	1801
青　海	5911	1356
宁　夏	3475	2518
新　疆	15203	5998
新疆兵团	2494	470

资料来源：全国妇联。

表11.49 2021年各级表彰或揭晓的五好家庭、三八红旗手和"最美家庭"数

地 区	五好家庭(个)	三八红旗手(人)	最美家庭(个)
全 国	**49858**	**59448**	**1786033**
中 央		358	992
北 京	17	200	45260
天 津	300	26	7252
河 北	4064	5915	168376
山 西	161	130	32088
内蒙古	545	936	30149
辽 宁	75	2336	27109
吉 林	35	944	28943
黑龙江	3328	1970	18501
上 海		629	22824
江 苏	5461	4107	182668
浙 江	7257	612	92220
安 徽	1698	3937	79032
福 建	559	2517	23377
江 西	2163	3167	61801
山 东	2828	6865	156225
河 南	3031	9127	169098
湖 北	1509	715	61518
湖 南	2203	1584	96620
广 东	481	2286	36879
广 西	288	695	7094
海 南		146	1477
重 庆	4346	508	56557
四 川	2334	3767	119147
贵 州	2177	1699	16715
云 南	758	248	16008
西 藏	149	324	898
陕 西	1298	1378	42818
甘 肃	1095	539	44815
青 海	1072	387	3722
宁 夏	150	1	5470
新 疆	446	1389	128251
新疆兵团	30	6	2129

资料来源：全国妇联。

表11.50　2021年社区少先队实践教育营地数量和中小学校少先队建队率

地　区	社区少先队实践教育营地(基地)数量(个)	中小学校少先队建队率(%)
全　国	**5567**	**98.8**
北　京	83	99.7
天　津	71	99.9
河　北	278	99.1
山　西	69	99.4
内蒙古	164	100.0
辽　宁	76	99.1
吉　林	11	100.0
黑龙江	128	98.3
上　海	50	99.9
江　苏	203	99.9
浙　江	540	98.5
安　徽	158	98.2
福　建	103	99.0
江　西	174	98.2
山　东	912	100.0
河　南	429	98.5
湖　北	50	99.2
湖　南	115	97.9
广　东	347	99.3
广　西	378	99.0
海　南	17	95.3
重　庆	124	98.5
四　川	557	99.7
贵　州	63	98.2
云　南	112	99.3
西　藏	2	100.0
陕　西	118	97.5
甘　肃	101	99.4
青　海	37	89.1
宁　夏	29	99.3
新　疆	68	94.5

资料来源：共青团中央。

表11.51 2021年残疾人人口基础数据库持证残疾人人数及性别构成

地 区	人数(人)	#女	性别构成(%)	
			男	女
全 国	**38049193**	**16047263**	**57.8**	**42.2**
北 京	557427	261650	53.1	46.9
天 津	376469	173852	53.8	46.2
河 北	1930101	816870	57.7	42.3
山 西	1019733	401999	60.6	39.4
内蒙古	785455	329051	58.1	41.9
辽 宁	1093227	428612	60.8	39.2
吉 林	864415	348335	59.7	40.3
黑龙江	1073024	419075	60.9	39.1
上 海	605319	300472	50.4	49.6
江 苏	1705592	770528	54.8	45.2
浙 江	1387760	593023	57.3	42.7
安 徽	1974909	867702	56.1	43.9
福 建	869117	363768	58.1	41.9
江 西	1248074	495000	60.3	39.7
山 东	2638926	1099944	58.3	41.7
河 南	2952000	1278500	56.7	43.3
湖 北	1658978	692652	58.2	41.8
湖 南	1967857	786716	60.0	40.0
广 东	1789714	758607	57.6	42.4
广 西	1410915	608636	56.9	43.1
海 南	200423	83116	58.5	41.5
重 庆	907902	367026	59.6	40.4
四 川	2859693	1206463	57.8	42.2
贵 州	1300527	503684	61.3	38.7
云 南	1491744	616644	58.7	41.3
西 藏	112842	55370	50.9	49.1
陕 西	1386183	609972	56.0	44.0
甘 肃	890260	387091	56.5	43.5
青 海	178278	79670	55.3	44.7
宁 夏	231851	104325	55.0	45.0
新 疆	580478	238910	58.8	41.2

资料来源:中国残联。

表11.52　2021年得到康复服务的持证残疾儿童人数

单位：人

地区	视力残疾	听力残疾	言语残疾	肢体残疾	智力残疾	精神残疾	多重残疾
全　国	**11250**	**45646**	**9052**	**98146**	**139278**	**46031**	**77038**
北　京	90	823	81	711	1952	426	1587
天　津	34	221	3	181	611	7	125
河　北	280	1818	303	4077	3160	724	1978
山　西	75	722	62	1469	1375	290	1018
内蒙古	44	314	128	997	821	536	620
辽　宁	155	711	106	1776	1695	1233	920
吉　林	74	427	40	1000	1025	618	474
黑龙江	85	283	12	735	879	487	230
上　海	42	208	13	433	628	117	174
江　苏	244	1871	58	4003	4837	3626	2753
浙　江	405	3504	393	3534	14073	2739	4178
安　徽	313	2552	312	4623	7937	5209	3874
福　建	166	1627	539	3810	7898	2385	2852
江　西	368	1527	112	2588	3137	1701	2198
山　东	1395	5692	1039	13280	19317	6722	10965
河　南	543	3270	798	6945	6689	866	3152
湖　北	514	2406	609	4043	6043	1266	2369
湖　南	348	2225	432	3319	5143	1683	1967
广　东	392	3250	756	4491	7693	7640	5771
广　西	258	1073	298	1770	4939	800	3024
海　南	31	111	98	436	687	806	285
重　庆	512	1191	802	3239	5815	665	2023
四　川	2046	3953	252	11084	14426	2035	8389
贵　州	603	1081	467	3848	3846	736	3053
云　南	498	1435	523	4072	3721	718	2449
西　藏	207	146	121	1000	75	56	382
陕　西	392	1178	141	3195	3976	986	3201
甘　肃	240	598	157	2026	2123	421	1591
青　海	224	351	204	1605	1382	55	680
宁　夏	156	347	122	886	1067	237	482
新　疆	516	731	71	2970	2308	241	4274

资料来源：中国残联。

表11.53　接受康复救助的残疾儿童人数

单位：人

地　区	2020年	2021年
全　国	**284461**	**363414**
北　京	1962	3595
天　津	2236	3385
河　北	8509	10451
山　西	5690	6794
内蒙古	3437	4708
辽　宁	5473	7420
吉　林	2639	3487
黑龙江	2729	3474
上　海	3404	3021
江　苏	29124	32205
浙　江	7858	11233
安　徽	21315	25276
福　建	14935	16220
江　西	6412	8329
山　东	30071	37587
河　南	27281	33914
湖　北	15273	19637
湖　南	16013	20022
广　东	17639	27868
广　西	11570	17496
海　南	2126	3331
重　庆	5137	7443
四　川	13182	15586
贵　州	5123	7208
云　南	4221	6519
西　藏	19	101
陕　西	9387	12659
甘　肃	4964	5696
青　海	2299	2577
宁　夏	1583	2398
新　疆	2850	3774

资料来源：中国残联。

附：主要统计指标解释

人口与经济

人口数 指一定时点、一定地区范围内有生命的个人总和。年度统计的年末人口数指每年 12 月 31 日 24 时的人口数。

出生率 指在一定时期内（通常为一年）一定地区的出生人数与同期内平均人数（或期中人数）之比，用千分率表示。计算公式为：

出生率 = 年出生人数 / 年平均人数 ×1000‰

死亡率 指在一定时期内（通常为一年）一定地区的死亡人数与同期内平均人数（或期中人数）之比，用千分率表示。计算公式为：

死亡率 = 年死亡人数 / 年平均人数 ×1000‰

自然增长率 指在一定时期内（通常为一年）人口自然增加数（出生人数减死亡人数）与该时期内平均人数（或期中人数）之比，用千分率表示。计算公式为：

人口自然增长率 =（本年出生人数 - 本年死亡人数）/ 年平均人数 ×1000‰
= 人口出生率 - 人口死亡率

平均预期寿命 平均预期寿命指同时出生的一批人，在当年各年龄组人口的不同死亡水平之下，平均可能存活的年数。0 岁组的平均预期寿命可以反映一批人出生后一生可能存活的年数，具有特殊的意义。因此，通常所说的平均预期寿命，即是指 0 岁组的平均预期寿命。平均预期寿命是度量人口健康状况最重要的指标之一，体现国家或地区经济社会发展水平及医疗卫生服务水平。

出生人口性别比 指每出生 100 名女孩所对应的出生男孩数（以女性人口为 100）。

总人口性别比 总人口中男性与女性人口之比（以女性人口为 100）。

平均家庭户规模 指平均每个家庭户的人口数。

少儿抚养比 也称少年儿童抚养系数。指某一人口中少年儿童人口数与劳动年龄人口数之比。通常用百分比表示。以反映每 100 名劳动年龄人口要负担多少名少年儿童。计算公式为：

少儿抚养比 =0-14 岁人口数 /15-64 岁人口数 ×100%

国内生产总值 是指一个国家所有常住单位在一定时期内生产活动的最终成果，它有三种表现形态，即价值形态、收入形态和产品形态。在实际核算中，国内生产总值有三种计算方法，即生产法、收入法和支出法。三种方法分别从不同的方面反映国内生产总值及其构成。

人均地区生产总值 指一个国家或地区在一定时期内全部人口平均计算的国内生产总值，它可粗略地反映各个国家和地区经济水平的高低。

卫生总费用 指一个国家或地区在一定时期内，为开展卫生服务活动从全社会筹集的卫生资源的货币总额，按来源法核算。它反映一定经济条件下，政府、社会和居民个人对卫生保健的重视程度和费用负担水平，以及卫生筹资模式的主要特征和卫生筹资的公平性合理性。

国家财政性教育经费 包括一般公共预算安排的教育经费，政府性基金预算安排的教育经费，企业办学中的企业拨款，校办产业和社会服务收入用于教育的经费，其他属于国家财政性教育经费。

卫生保健

新生儿死亡率 指年内出生至 28 天内（0-27 天）死亡的新生儿人数与活产数之比。活产数指该地区该统计年度内妊娠满 28 周及以上（如孕周不详，可参考出生体重达 1000 克及以上），娩出后有心跳、呼吸、脐带搏动、随意肌收缩 4 项生命体征之一的新生儿数。计算公式为：

新生儿死亡率 = 某地区年内新生儿死亡人数 / 该地区年内活产数 ×1000‰

婴儿死亡率 指年内不满 1 周岁的婴儿死亡人数与活产数之比。计算公式为：

婴儿死亡率 = 某地区年内不满 1 周岁婴儿死亡人数 / 该地区年内活产数 ×1000‰

5 岁以下儿童死亡率 指年内不满 5 周岁的儿童死亡人数与活产数之比。计算公式为：

5 岁以下儿童死亡率 = 某地区年内不满 5 周岁的儿童死亡人数 / 该地区年内活产数 ×1000‰

孕产妇死亡率 指年内孕产妇死亡人数与活产数之比。孕产妇死亡指妇女在妊娠期至妊娠结束后 42 天以内，由于任何与妊娠或妊娠处理有关的或由此而加重了的原因导致的死亡，不包括意外事故死亡。计算公式为：

孕产妇死亡率 = 年内孕产妇死亡人数 / 年内活产数 ×10 万 /10 万

住院分娩率 指年内在取得助产技术资质的机构分娩的活产数与所有活产数之比，一般用百分比表示。

18 岁以下儿童伤害死亡率 指年内每 10 万名 0-17 岁儿童中，由于伤害导致的死亡。计算公式为：

18 岁以下儿童伤害死亡率 = 0-17 岁伤害死亡数 /0-17 岁人口数 ×10 万 /10 万

低出生体重发生率 指年内出生体重低于 2500 克的婴儿数与活产数之比，

一般用百分比表示。

新生儿访视率 指接受 1 次及以上访视的新生儿人数与活产数之比，一般用百分比表示。

3 岁以下儿童系统管理率 指年内 3 岁以下儿童系统管理人数与当地 3 岁以下儿童数之比，一般用百分比表示。3 岁以下儿童系统管理是指 3 岁以下儿童按年龄接受生长监测或 4:2:1（城市）或 3:2:1（农村）体格检查（身高和体重）的人数。新生儿访视时的体检次数不包括在内。

7 岁以下儿童保健管理率 指 7 岁以下儿童保健覆盖人数与 7 岁以下儿童数之比，一般用百分比表示。7 岁以下儿童保健覆盖人数指 7 岁以下儿童中当年实际接受 1 次及以上体格检查（身高和体重）的人数。

纳入国家免疫规划的疫苗接种率 指年内实际接种某国家免疫规划疫苗（某剂次）人数占应接种该国家免疫规划疫苗（该剂次）人数的百分比。实种人数指某段时间内，某地域范围某疫苗（某剂次）应种人数中的实际接种人数。实种人数包括接种国家免疫规划疫苗剂次人数和接种含国家免疫规划疫苗成分的非免疫规划疫苗剂次的人数。主要包括卡介苗、脊灰疫苗、百白破疫苗、含麻疹成分疫苗、乙肝疫苗、甲肝疫苗、乙脑疫苗、流脑疫苗等 8 种疫苗接种率。计算公式为：

某疫苗接种率 = 某疫苗（某剂次）实种人数 / 该疫苗（该剂次）应种人数 ×100%

小学生（初中生 / 高中生）近视率 指小学生（初中生 / 高中生）中近视检出的人数占参加近视监测的小学生（初中生 / 高中生）总人数的比例。计算公式为：

小学生（初中生 / 高中生）近视率 = 小学生（初中生 / 高中生）近视检出人数 / 小学生（初中生 / 高中生）监测总人数 ×100%

0-6 岁儿童眼保健和视力检查覆盖率 指年内 0-6 岁儿童眼保健和视力检查人数占 0-6 岁儿童的百分比。0-6 岁儿童眼保健和视力检查人数指年内接受 1 次及以上儿童眼保健和视力检查服务的 0-6 岁儿童数。计算公式为：

0-6 岁儿童眼保健和视力检查覆盖率 = 某地区年内 0-6 岁儿童眼保健和视力检查人数 / 该地区年内 0-6 岁儿童监测总人数 ×100%

孕产妇建卡率 指年内孕产妇中由保健人员建立的保健卡（册）人数与活产数之比，一般用百分比表示。

孕产妇系统管理率 指年内孕产妇系统管理人数与活产数之比。一般用百分比表示。孕产妇系统管理人数指按系统管理程序要求，妊娠至产后 28 天内接受过早孕检查、至少 5 次产前检查、新法接生和产后访视的产妇人数。

产前检查率 指年内产前接受过 1 次及以上产前检查的产妇人数与活产数之比，一般用百分比表示。

产后访视率 指年内接受过 1 次及以上产后访视的产妇人数与活产数之比，一般用百分比表示。

婚前医学检查率 指年内婚前医学检查人数与结婚登记人数之比。婚前医学检查人数指报告期本地区对准备结婚的男女双方进行结婚和生育相关疾病的医学检查人数（即按照《婚前保健工作规范》要求进行了婚前医学检查的人数）。结婚登记人数指报告期本地区结婚登记人数（含初婚、再婚）。计算公式为：

婚前医学检查率 = 某地区年内婚前医学检查人数 / 该地区年内结婚登记人数 ×100%

孕前优生健康检查目标人群覆盖率 指年内孕前优生检查总人数与计划怀孕夫妇人数之比。适用范围是孕前优生健康检查目标人群。孕前优生检查总人数指该地区该统计年度内接受优生健康教育、病史询问、孕前医学检查、咨询指导一项及一项以上服务，并建立孕前优生健康检查技术服务家庭档案的计划怀孕夫妇人数。若夫妇中只有一方接受服务按 1 人统计；若夫妇双方均接受服务，按 2 人统计。计算公式为：

孕前优生健康检查目标人群覆盖率 = 某地区年内孕前优生检查总人数 / 该地区年度计划怀孕夫妇人数 ×100%

教育

生师比 是指学校专任教师数与在校学生数的比例。生师比是测算学校师资需求量的数量指标，也是反映学校人力资源利用效率的指标。

学前教育毛入园率 指学前教育在园（班）幼儿数（不考虑年龄）占 3-5 岁年龄组人口数（个别地区为 4-6 岁年龄组人口数）的百分比。计算公式为：

学前教育毛入园率 = 学前教育在园（班）幼儿总数 /3-5 岁年龄组人口数（个别地区为 4-6 岁年龄组人口数）×100%

小学学龄儿童净入学率 指调查范围内已入小学学习的学龄儿童占校内外学龄儿童总数的比重。

初中阶段毛入学率 指初中阶段在校生总数占国家规定初中阶段年龄组人口数的百分比。

九年义务教育巩固率 指初中毕业班学生数占该年级入小学一年级时学生数的百分比。根据教育部门有关统计资料推算。计算公式为：

九年义务教育巩固率 = 初中毕业班学生数 / 该年级入小学一年级人数 ×100%

高中阶段毛入学率 指高中阶段（包括普通高中、成人高中、中等职业学校）在校学生总数占 15-17 岁学龄组人口数的百分比。

高等教育毛入学率 指高等教育（包括国家承认学历的各类高等教育：研究生、普通高校本专科、成人本专科、高等学历文凭考试专科、网络教育本专科、自学考试本专科、军事院校本专科等）在校学生总数与18-22岁年龄组人口数的比重，一般以百分比表示。

教职工数　指在学校（机构）工作并由学校（机构）支付工资的教职工人数。包括校本部教职工、科研机构人员、校办企业职工、其他附设机构人员。

专任教师　指具有教师资格，专职从事教学工作的人员。

特殊教育　指独立设置的招收盲聋哑等残疾儿童，以及其他特殊需要的儿童和青少年进行普通或职业初中、中等教育的教学。

进城务工人员随迁子女　是指户籍登记在外省（区、市）、本省外县（区）的乡村，随务工父母到输入地的城区、镇区（同住）并接受义务教育的适龄儿童。

在校率　指"总净在校率"，即特定教育阶段学龄儿童在任何教育阶段就读的学生总人数占该年龄段人口的比例。

家长学校数　指本年度末妇联主管或联合管理的面向未成年人父母及其他监护人的各类家长学校的个数。

家长学校培训人次　指年度内家长学校培训的人次数。

就业与社会保障

就业人员　指在一定年龄以上，有劳动能力，为取得劳动报酬或经营收入而从事一定社会劳动的人员。具体指年满16周岁，为取得报酬或经营利润，在调查周内从事了1小时及以上劳动的人员；或由于学习、休假等原因在调查周内暂时处于未工作状态，但有工作单位或场所的人员；或由于临时停工放假、单位不景气放假等原因在调查周内暂时处于未工作状态，但不满三个月的人员。

单位就业人员　指报告期末最后一日在本单位工作，并取得工资或其他形式劳动报酬的人员数。该指标为时点指标，不包括最后一日当天及以前已经与单位解除劳动合同关系的人员，是在岗职工、劳务派遣人员及其他就业人员之和。就业人员不包括：

1. 离开本单位仍保留劳动关系，并定期领取生活费的人员；
2. 在本单位实习的各类在校学生数；
3. 本单位以劳务外包形式使用的人员，如：建筑业整建制使用的人员。

城镇登记失业人员　指有非农业户口，在一定的劳动年龄内（16周岁至退休年龄），有劳动能力，无业而要求就业，并在当地劳动保障部门进行失业登记的人员。

城镇登记失业率　城镇登记失业人员与城镇单位就业人员（扣除使用的农村劳动力、聘用的离退休人员、港澳台及外方人员）、城镇单位中的不在岗职工、城镇私营业主、个体户主、城镇私营企业和个体就业人员、城镇登记失业人员之和的比。

城镇调查失业率　城镇调查失业率是国际劳工组织通用的一个指标，是反映城镇常住经济活动人口中，符合失业条件的人数占全部城镇常住经济活动人口的比重。计算公式为：

城镇调查失业率 = 城镇调查失业人数 /（城镇调查从业人数 + 城镇调查失业人数）× 100%

就业困难人员　指符合就业促进法规定的相关条件的人员，一般指大龄、身有残疾、享受最低生活保障、连续失业一年以上，以及因失去土地等原因难以实现就业的人员。具体范围由各省、自治区、直辖市人民政府根据本地实际情况规定。

城镇职工基本养老保险参保人数　指报告期末按国家有关法律、法规和有关政策规定参加城镇基本养老保险，并在社保经办机构已建立缴费记录档案的职工人数（包括中断缴费但未终止养老保险关系的职工人数，不包括只登记未建立缴费纪录档案的人数）和离休、退休和退职人员的人数。

城乡居民基本养老保险参保人数　指报告期末，参加城乡居民养老保险（在经办机构参保登记并已建立缴费记录以及制度实施当年已经年满 60 周岁并在经办机构参保登记）的人数（不包括已经办理注销登记手续的人数）。

职工基本医疗保险参保人数　指报告期末参加职工基本医疗保险（实施统帐结合和单建统筹基金）的在职职工人数和退休人数的合计。

城乡居民基本医疗保险参保人数　指报告期末，参加城镇居民和农村居民基本医疗保险的人数。

失业保险参保人数　指报告期末城镇企业、事业单位职工参加失业保险的人数及按地方规定参加失业保险的其他人员人数之和。

工伤保险参保人数　指报告期末参加工伤保险的人数。

生育保险参保人数　指报告期末参加生育保险的职工人数。

残疾人就业人数　指本年度通过集中就业、按比例就业、个体就业、公益性岗位就业、辅助性就业、从事农业种养、灵活就业形式实现就业的城镇残疾人。

执行《女职工劳动保护特别规定》的企业比重　指在被调查的企业中执行了女职工"四期劳动保护"或女职工禁忌从事劳动范围规定的企业数占被调查企业总数的比重。女职工包括所有从事体力劳动和脑力劳动的已婚、未婚的女性职工。女职工"四期劳动保护"是指《劳动法》和《女职工劳动保护特别规定》中对女职工经期、孕期、产期、哺乳期有关劳动权利和享受待遇等各项规定。女职工禁忌从事的劳动范围是指《女职工劳动保护特别规定》附录中的各项明确规定。

查处违反女职工和未成年工特殊劳动保护规定案件数　指报告期内劳动保障监察机构依法查处的用人单位违反国家有关女职工和未成年工特殊劳动保护的法律法规规定的案件数。

社会服务

城市居民最低生活保障人数 指在报告期末共同生活的家庭成员人均收入低于当地最低生活保障标准,且家庭财产状况符合相关规定的城镇居民,并已发放补助经费的人数。

农村居民最低生活保障人数 指报告期末共同生活的家庭成员人均收入低于当地最低生活保障标准,得到当地政府给予最低生活保障待遇的农业人口家庭人数。

农村特困救助供养人员 指无劳动能力、无生活来源、无法定赡养、抚养、扶养义务人或者其法定义务人无履行义务能力的农村老年人、残疾人以及未满16周岁的未成年人,且被依法纳入特困人员救助供养范围、享受供养待遇的人员。

提供住宿的民政服务机构数 指能为老年人、残疾人、智障与精神病人、儿童等人员提供住宿的社会服务机构数。包括社会福利院、农村特困人员救助供养机构、光荣院、养老公寓等其他养老机构、社会福利医院、儿童福利院、未成年人救助保护中心、流浪乞讨人员救助管理站、安置农场以及其他提供住宿的机构。

儿童收养救助机构数 为儿童提供收养救助服务的机构数,包括儿童福利机构和未成年人救助保护中心。

被中国公民收养 指收养人是中国公民(包括港澳台居民及华侨)的儿童收养登记数。

孤儿 指失去父母或查找不到生父母的未满18周岁的未成年人的人数。由地方县级以上民政部门依据有关规定和条件认定的,并已经领取了孤儿补助费的孤儿。

基层组织中持有证书的专业社会工作者人数 指在基层群众自治组织中参加全国统一助理社会工作师、社会工作师职业水平考试合格,并获得由人社部统一印制、人社部和民政部共同用印的《中华人民共和国社会工作者职业水平证书》的人员数。

未成年人救助保护中心 对生活无着的流浪乞讨未成年人实施救助,提供基本生活照料和教育、心理疏导、行为矫治等服务的专门机构。一般与救助管理站相对独立设置。

残疾儿童接受康复救助人数 指年度内接受康复救助的0-17岁残疾儿童人数,包括接受手术、辅助器具配置、康复训练等康复救助服务的视力、听力、言语、肢体、智力等残疾儿童和孤独症儿童。

结婚登记人数 指某地区报告期内,符合《婚姻法》要求,在该地民政部门登记结婚的全部人数。

结婚率 指某地区报告期内(通常为一年)符合《婚姻法》要求,在民政部门登记并领取《结婚证》的对数占该地区报告期内平均人口的比值，一般以千分率表示。计算公式为：

结婚率＝报告期内登记结婚对数／报告期内平均人口×1000‰

离婚率 指某地区当年离婚对数占该地区年内平均人口的比重，一般以千分率表示。计算公式为：

离婚率＝报告期内离婚对数／报告期内平均人口×1000‰

社会参与

企业职工代表大会中女性代表比重 指已建工会企业职工代表大会的女代表人数占全部职工代表人数的比重。

职工代表的职责是代表职工群众参加企业民主管理，对选举人负责。职工代表应该由企业职工直接选举产生。计算公式为：

企业职工代表大会中女性比例＝职工代表大会的女代表人数／全国已建工会企业全部职工代表人数×100%

企业董事会中女职工董事占职工董事比重 指已建工会企业董事会中女职工董事占全部职工董事的比重。职工董事是指依照《中华人民共和国公司法》，通过职工代表大会或其他形式民主选举产生，作为公司董事会正式成员进入公司董事会，代表职工行使决策权利的职工代表。计算公式为：

企业董事会中女职工董事占职工董事的比重＝企业董事会中女职工董事人数／全国已建工会企业职工董事人数×100%

企业监事会中女职工监事占职工监事比重 指已建工会企业监事会中女职工监事占全部职工监事的比重。职工监事是指依照《中华人民共和国公司法》，通过职工代表大会或其他形式民主选举产生，作为公司监事会正式成员进入公司监事会，代表职工行使监督权利的职工代表企业监事会中女职工监事占全部职工监事的比重。职工监事是指依照《中华人民共和国公司法》，通过职工代表大会或者其他形式民主选举产生，作为公司监事会正式成员进入公司监事会，代表职工行使决策权利的职工代表。计算公式为：

企业监事会中女职工监事占职工监事的比重＝企业监事会中女职工监事人数／全国已建工会企业职工监事人数×100%

社会团体 是指中国公民自愿组成，为实现会员共同意愿，按照其章程开展活动的非营利性社会组织。根据登记管理政府的级别，社会团体分为：中央本级、省级、地级、县级。

基金会 是指利用自然人、法人或者其他组织捐赠的财产，以从事公益事业为目的，按照国家的《基金会管理条例》规定成立的非营利性法人。基金会分为面向公众募捐的基金会（简称公募基金会）和不得面向公众募捐的基金会（简称非公募基金会）。公募基金会按照募捐的地域范围，分为全国性公募基金会和地方性公募基金会。

民办非企业 是指企业事业单位、社会团体和其他社会力量以及公民个人利用非国有资产举办的，从事非营利性社会服务活动的社会组织。

居民委员会成员中女性比重 指依照法律规定，经选举产生的居委会成员中女性所占比重。居委会成员包括居民委员会的主任、副主任和委员。计算公式为：

居委会成员中女性比例＝居民委员会成员中女性人数／居民委员会成员总人数×100%

居委会主任中女性比重 指依照法律规定，经选举产生的居民委员会主任中女性所占比重。计算公式为：

居委会主任中女性比重＝居委会主任中女性人数／居委会主任总人数×100%

村民委员会成员中女性比重 指依照法律规定，经选举产生的村委会主任中女性所占比重。村委会成员包括村民委员会的主任、副主任和委员。计算公式为：

村委会成员中女性比重＝村委会成员中女性人数／村委会成员总人数×100%

村委会主任中女性比重 指依照法律规定，经选举产生的女性村民委员会主任中女性所占比重。计算公式为：

村委会主任中女性比重＝村委会主任中女性人数／村委会主任总人数×100%

科技

两院院士 是对中国科学院院士和中国工程院院士的统称，是在某一领域内的资深专家。两院院士均从国内外最优秀的科学家中选出，每两年增选一次。

研究与试验发展 即R&D，指在科学技术领域，为增加知识总量、以及运用这些知识去创造新的应用而进行的系统的、创造性的活动，包括基础研究、应用研究、试验发展三类活动。国际上通常采用R&D活动的规模和强度指标反映一国的科技实力和核心竞争力。

R&D人员 指参与研究与试验发展项目研究、管理和辅助工作的人员，包括项目（课题）组人员，企业科技行政管理人员和直接为项目（课题）活动提供服务的辅助人员。反映投入从事拥有自主知识产权的研究开发活动的人力规模。

全国学会理事会理事 指经会员代表大会选举产生的全国学会理事。

表彰奖励科技人员 指本单位正式行文表彰（含命名）的，在科技工作中有特殊贡献的科技人员。一般的表扬鼓励和专门针对本单位工作人员的表彰奖励不统计在内。统计范围：中国科协、省级科协、计划单列市科协、省会城市科协、全国学会和省级学会。

法律保护

律师 依法取得律师执业证书，为社会提供法律服务的执业人员。通常接受当事人的委托，代理诉讼及处理其他法律事务。

公证员 依据《公证员执业管理办法》（司法部令第102号）第二条：公证员是符合《公证法》规定的条件，经法定任职程序，取得公证员执业证书，在公证机构从事公证业务的执业人员。公证员的配备数量，根据公证机构的设置情况和公证业务的需要确定。公证员配备方案，由省、自治区、直辖市司法行政机关编制和核定，报司法部备案。

破获强奸案件数 指某地区一定时间（通常为一年）内，公安机关破获的强奸案件数。强奸案件指违背妇女意愿，使用暴力、胁迫或者其他手段，强行与妇女发生性关系的案件。

破获拐卖妇女／儿童案件数 指某地区一定时间（通常为一年）内，公安机关破获拐卖妇女／儿童案件数。拐卖妇女／儿童案件指以出卖为目的，拐骗、收买、贩卖、接送、中转妇女／儿童的案件。

破获组织、强迫、引诱、容留、介绍妇女卖淫案件数 指某地区一定时间（通常为一年）内，公安机关破获组织、强迫、引诱、容留、介绍妇女卖淫案件数。

刑事犯罪受害人性别构成 指某地区一定时间（通常为一年）内，遭受刑事犯罪直接受害的人中男女各占全部直接受害人的比重。一般用百分比表示。

青少年作案成员占全部作案人员的比重 指某地区一定时间（通常为一年）内，在公安机关抓获的全部刑事案件作案成员中，14-25岁作案成员所占的比重。

批准逮捕 指人民检察院对公安机关、国家安全机关、监狱管理机关提出逮捕的犯罪嫌疑人进行审查，根据事实，依法做出逮捕决定。该指标主要反映人民检察院对提请逮捕犯罪嫌疑人进行审查后依法做出批准逮捕决定的情况。

少年法庭数 指人民法院为维护未成年人合法权益、预防矫治未成年人犯罪而建立的少年法庭数量。少年法庭包括专门审理涉及未成年人刑事、民事、行政案件的审判庭、合议庭、审判团队，以及只专门办理涉未成年人案件的法官。

青少年罪犯 指人民法院在报告期内判决发生法律效力的有罪判决中14周岁以上不满25周岁的罪犯。其中14周岁以上不满18周岁的罪犯为未成年罪犯。

获得法律援助机构援助的受援人数 指符合法律援助条件，经法律援助机构审查批准获得法律援助的受援人数。

生活和社会环境

森林面积 包括郁闭度0.2以上的乔木林地面积和竹林面积，国家特别规定的灌木林地面积、农田林网以及村旁、路旁、水旁、宅旁林木的覆盖面积。

森林覆盖率 指以行政区域为单位的森林面积占区域土地总面积的百分比。

人均水资源量 指在一个地区（流域）内，某一个时期按人口平均每个人占有的水资源量。

建成区绿化覆盖率 指报告期末建成区内绿化覆盖面积与建成区面积的比率。

城市污水处理率 指城市污水处理量与城市污水排放总量的比率，一般以百分比表示。

生活垃圾无害化处理率 指报告期生活垃圾无害化处理量与生活垃圾产生量的比率，一般以百分比表示。在统计上，由于生活垃圾产生量不易取得，可用清运量代替。

人均公园绿地面积 指报告期末区域内城区人口平均每人拥有的公园绿地面积。

少儿图书馆 指为18岁以下儿童提供服务的图书馆。

少儿图书馆总藏量 指少儿图书馆中已编目的图书、期刊和报纸的合订本、小册子、手稿，以及缩微制品、录像带、录音带、光盘等试听文献资料的数量之和。

未成年人参观博物馆人次 指接待有组织的集体参观人次与零散观众中能够确切统计的未成年人参观人次的总和。

文化馆组织未成年人活动专场 指文化馆本馆或与外机构联合专门为18岁以下少年儿童、家长和少儿工作者举办的各种文艺演出等活动专场。

公共图书馆少儿阅览室坐席数 指公共图书馆中专门提供给少年儿童使用的座位数。

公共图书馆中少儿文献 指公共图书馆中供少儿阅览的文献，包括图书、绘本、画册、连环画等。

出版儿童期刊种类/数量 指经新闻出版行政管理部门机关批准公开出版的，以初中及以下儿童为对象的期刊（图书）种类/数量。

儿童图书出版物 指供初中及以下少年儿童课外阅读的休闲书籍，不包括九年义务教育的课本（及其补充读物）和教辅。

儿童音像制品数量 指以初中及以下少年儿童为受众对象的音像制品出版物，不包括教材、教辅等音像制品出版物。由于音像制品包括磁带、录像带、CD、VCD、DVD等几种形式，统计时可以先分别计算，再合并计算。

广播/电视节目综合人口覆盖率 指报告期末，根据国家广播电视总局制定的《广播电视人口覆盖率统计技术标准和方法》进行统计调查的,在对象区内能接收到由中央、省、地市、县播出机构通过无线、有线、卫星等各种技术方式转播的各级广播/电视节目的人口数占对象区总人口数的比重。

少儿广播节目播出时间 指广播电视播出机构全年面向少年儿童的广播节目播出时间,包括少儿频率和少儿专题节目播出的时间,含节目重复播出时间。

少儿电视节目播出时间 指广播电视播出机构全年面向少年儿童的电视节目(包含面向少年儿童的电视动画片)播出时间,包括少儿频道和少儿专题节目播出的时间,含节目重复播出时间。

电视动画播出时间 指广播电视播出机构全年播出的电视动画的时长,含重复播出时间。

妇女之家数 指本年度末设立在乡镇、街道、村、社区的妇女之家,还包括女性集中的特色产业链、生产基地、经济合作组织、专业合作社、行业协会、商务楼宇、专业市场等领域的妇女之家的个数。

儿童之家数 指本年度末以保护儿童权利和促进儿童发展为宗旨,向儿童提供游戏、娱乐、教育、卫生和社会心理支持等一体化服务的场所个数,应有必须的活动设施,室内面积一般不少于 30 平方米,有专职或兼职工作人员,含早教指导中心、四点半学校以及为留守流动儿童提供亲情沟通、生活托管、家教指导、心理咨询、社工服务和丰富活动的场所。

各级表彰的五好家庭 指本年度内县及县以上妇联表彰的五好家庭的户数。

各级表彰的三八红旗手 指本年度内县及县以上妇联表彰的三八红旗手的人数。

各级揭晓的"最美家庭" 指本年度内各级妇联组织揭晓的"最美家庭"的户数。

社区少先队实践教育营地(基地)数量 指街道(社区)、乡镇(村)少先队组织利用辖区内的各类党群阵地、文化场馆、社会资源建设的少先队校外实践教育营地(基地)数量。